Ewald
Direktmarketing – so geht's

D1696646

WRS-Ratgeber

Direktmarketing
– so geht's

von
Christina Ewald
Ingelheim

Die Deutsche Bibliothek – CIP-Einheitsaufnahme

Ewald, Christina:
Direktmarketing – so geht's / von Christina Ewald. – Planegg : WRS-Verl., 1999
(WRS-Ratgeber)
ISBN 3-8092-1405-1

ISBN 3-8092-1405-1   Bestell-Nr. 04658

© 1999, WRS Verlag Wirtschaft, Recht und Steuern, GmbH & Co., Fachverlag
Postanschrift: Postfach 13 63, 82142 Planegg
Hausanschrift: Fraunhoferstraße 5, 82152 Planegg
Telefon (0 89) 8 95 17-0, Telefax (0 89) 8 95 17-2 50
Internet: http://www.wrs.de, E-Mail: online@wrs.de

Lektorat: Dipl.-Kauffrau Kathrin Menzel-Salpietro, Dipl.-Betriebswirtin Jutta Overmann

Satz: Satzstudio »Süd-West« GmbH, 82166 Gräfelfing
Umschlaggestaltung: Paxmann Teutsch Buchprojekte, 80538 München
Druck: Schoder Druck GmbH & Co. KG, 86368 Gersthofen

Inhaltsverzeichnis

Vorwort

Irgendwie ist es Ihnen ja schon klar: Werbung muss sein, um Ihr Unternehmen bekannt zu machen, vor allem, wenn Sie sich gerade erst selbstständig gemacht haben.

Vielleicht haben Sie schon einmal zaghaft bei Ihrer Tageszeitung angefragt und dann die Idee angesichts der überwältigenden Anzeigenpreise wieder fallen gelassen. Doch das Gefühl, etwas über Ihren persönlichen Einsatz und Ihre interessante Unternehmensidee hinaus tun zu können, bleibt.

Nun steht aber Ihre Erkenntnis, wie hilfreich Werbung sein kann, in Gegensatz zu Ihrem eher schmalen Geldbeutel und zudem fehlt es Ihnen auch an Wissen. Dem kann abgeholfen werden: Schauen Sie sich einmal näher an, was Direktmarketing – der gute alte Werbebrief und seine zahlreichen „Verwandten" – für Sie tun kann. Es löst Ihr Kostenproblem, denn die Werbung per Brief ist preiswert und die damit verbundenen Anforderungen können auch von einem Laien gut bewältigt werden.

Wenn Sie dieses Buch gelesen haben, werden Sie schon eine ganze Menge mehr darüber wissen, wie Sie mit Werbebriefen Ihre Ziele erreichen können: Nicht nur die Themen, wie Sie Kunden gewinnen, bestehende Kontakte zu Kunden pflegen und diese damit für eine gesicherte Zukunft an sich binden, sondern auch Krisen bewältigen oder noch besser, sie von vornherein vermeiden, und noch einiges mehr finden Sie hier ausführlich behandelt.

Dieses Buch ist für Einsteiger gedacht. Sie werden hier kein Fachchinesisch finden, sondern einfach umzusetzende Mittel und Ideen und ebenso einfache Erklärungen, wie und wo Sie diese anwenden können. Alle theoretischen Erläuterungen werden an Hand von Beispielen praxisnah dargestellt. Und wenn Sie sich die Beispiele gleich „ausleihen" möchten, um sie für Ihr Unternehmen anzuwenden: Bitte sehr – bedienen Sie sich!

Christina Ewald

Übersicht

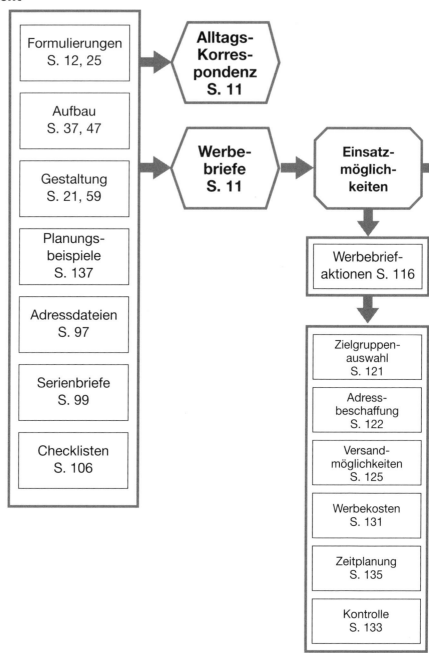

Formulierungen
S. 12, 25

Aufbau
S. 37, 47

Gestaltung
S. 21, 59

Planungs-
beispiele
S. 137

Adressdateien
S. 97

Serienbriefe
S. 99

Checklisten
S. 106

Alltags-
Korres-
pondenz
S. 11

Werbe-
briefe
S. 11

Einsatz-
möglich-
keiten

Werbebrief-
aktionen S. 116

Zielgruppen-
auswahl
S. 121

Adress-
beschaffung
S. 122

Versand-
möglichkeiten
S. 125

Werbekosten
S. 131

Zeitplanung
S. 135

Kontrolle
S. 133

| Öffentlichkeits-
arbeit
S. 92 | Krisen
bewältigen
S. 94 | Kunden
aktivieren
S.74 |

**Internet
S. 172**

**Andere
Formen
S. 161**

| E-Mail
S. 172 |

| Homepage
S. 173 |

| Kundenpflege
S. 175 |

| Verkaufen
S. 176 |

| Anzeigen
S. 161 |

| Plakate
S. 168 |

| Beilagen
S. 170 |

Werben mit alltäglichen Briefen

Sie haben dieses Buch gekauft, um die hohe Kunst des Direktmarketings zu lernen – und nun sprechen wir über Ihre ganz normalen Geschäftsbriefe? Bevor Sie sich verärgert abwenden: In Ihrer alltäglichen Korrespondenz liegen womöglich mehr Chancen zur Kundengewinnung und Kundenpflege verborgen als in jeder Direktmarketing-Aktion.

Rufen Sie sich einmal die bunte Vielfalt der Geschäfts- und Werbebriefe in Erinnerung, die Sie in Ihrem Leben erhalten haben. Beziehen Sie auch Behördenschreiben mit ein, um die Sache unterhaltsamer zu machen. Wie oft kam es vor, dass Ihnen einer dieser Briefe positiv aufgefallen ist? Wie oft haben Sie beim Lesen das Gefühl gehabt: „Oh, da hat sich jemand wirklich Gedanken über mich/mein Unternehmen/mein Problem gemacht"?

Wenn es Ihnen schwer fällt, beim Nachrechnen über die 1 %-Hürde zu kommen, denken Sie vielleicht: „Geschäftsbriefe sollen sich um Fakten kümmern und nicht irgendwelche Nettigkeiten säuseln – es sind ja schließlich, wie der Name schon sagt, Geschäfts- und keine Liebesbriefe!" Doch das eine schließt das andere nicht aus (nein, wir wollen jetzt nicht auf die zwischenmenschlichen Beziehungen zwischen Geschäftspartnern eingehen), und gerade weil es nicht „üblich" ist, fällt Ihr Brief umso mehr auf.

Wie sagte doch schon Großvater: „Denn was man schwarz auf weiß besitzt, kann man getrost nach Hause tragen." (Großvater Goethe in dem unerschöpflichen Quell deutscher Sprichwörter, dem Faust.) Auch im Zeitalter multimedialer Kommunikation von Telefon bis Internet hat das niedergeschriebene Wort nichts von seinem Image als „vertrauenswürdig" verloren. Das mag auch daran liegen, dass es in allen anderen Kommunikationsformen mit wachsenden technischen Möglichkeiten auch mehr Gelegenheiten für Manipulationen gibt. Der Brief als „das Original" verspricht die höchste Zuverlässigkeit.

Probleme oder Angebote mit einem Kunden am Telefon zu besprechen, ist oft ein Gebot der Schnelligkeit und wichtig, wenn es gilt, Klarheit über bestimmte Punkte zu schaffen. Die schriftliche Bestätigung eines Gespräches gibt den Aus- und Zusagen Ihres Unternehmens ein besonderes Gewicht. Außerdem bedeutet einen Brief zu schreiben, immer noch ein wenig Mühe – die man sich für den Kunden aber gerne machen sollte.

Briefe werden heute sehr häufig als Fax übermittelt, weil es zeit- und kostengünstiger ist als die Briefbeförderung per Post. Das stellt besondere Anforderungen an Ihren Briefbogen, denn Fax-Briefe, das wissen Sie selbst, kommen nie „schön" beim Empfänger an. Aber für beide Versendungs-Formen gelten die gleichen inhaltlichen Anforderungen.

Wie formulieren Sie einen guten Brief?

Die Kriterien eines guten – das heißt immer: wirksamen – Briefes gelten für Ihre alltägliche Korrespondenz genauso wie für den echten Werbebrief. Die wichtigste Regel: Reden Sie nicht über das, was Sie wollen, sondern über das, was Ihr Kunde will!

Fragen Sie sich bei dieser Regel, was das soll – schließlich wollen Sie Ihre Produkte oder Dienstleistungen anbieten oder Ihre Argumente für oder gegen eine Sache „verkaufen" und nicht die des Kunden?

Das ist genau der Punkt: Wenn Sie etwas im wörtlichen oder übertragenen Sinne „verkaufen" wollen, müssen Sie sich in den Käufer hineinversetzen, um ihn überzeugen zu können. Werbefachleute sagen, man verkauft nicht Produkte, sondern Wünsche und Bedürfnisse der Käufer. Ihren potentiellen oder tatsächlichen Kunden interessiert nicht, was Sie wollen – er möchte wissen, ob Sie seinen Bedürfnissen entsprechen können.

Unabhängig von jedem Inhalt, den Sie behandeln, und jedem Ziel, das Sie mit Ihrem Brief verfolgen, gibt es einige allgemeine Tricks, die Ihren Brief professionell erscheinen lassen und zugleich leicht verständlich Ihr Anliegen zum Ausdruck bringen.

Versetzen Sie sich in die Lage Ihres Kunden!

Bei allem, was Sie Ihrem Kunden sagen möchten, werden Sie ihn nur dann wirklich „ansprechen", wenn Sie sich in seine Situation hineinversetzen. Dann verstehen Sie, was er von Ihnen erwartet und können entsprechend argumentieren.

Beispiel:

Ihr Kunde hat in seinem Auftrag über 2000 Stück Ihres Kugelschreibers „Silverline" einen Liefertermin von zwei Wochen angegeben. Sie können wegen der großen Nachfrage (Herzlichen Glückwunsch!) erst in vier Wochen liefern. Sind Sie in der glücklichen Lage, über ein unerschöpfliches Potential von Käufern zu verfügen, können Sie sich natürlich die Arroganz erlauben, Ihrem Kunden einfach zu sagen: Pech gehabt – entweder du nimmst die Ware in vier Wochen oder du lässt es ganz!

Doch selbst, wenn Sie dieses Potential haben – das mag nicht immer so bleiben und dann brauchen Sie vielleicht den gerade verschmähten Kunden, um Ihr Geschäft am Laufen zu halten.

Was also sagen Sie Ihrem Kunden? Zunächst stellt sich die Frage, wie er auf den Liefertermin von zwei Wochen kommt. Ist er ein langjähriger Kunde und an diese Lieferfrist gewöhnt? Haben Sie ihm den Termin in einem Angebot in Aussicht gestellt? Dann sind Sie zweifellos in der Pflicht. Welche Folgen hat der Lieferverzug für Ihren Kunden? Er plant ja vermutlich auch den Verkauf Ihrer Produkte längerfristig – also bringt der Verzug seine Planung, eventuell seine Werbung für Ihr Produkt durcheinander.

Für Ihren Brief heißt das: Machen Sie klar, dass Sie verstehen, was die Verspätung für Ihren Kunden bedeutet – und entschuldigen Sie sich dafür. Da der Grund ein positiver ist – die hohe Nachfrage –, eignet er sich sehr gut für die Entschuldigung, denn Ihr Kunde hat ein gutes, sprich: heiß begehrtes, Produkt gewählt.

Trotzdem müssen Sie ihm einen Vorschlag machen:

* Können Sie ihm eine Teillieferung anbieten (eventuell durch eine Kürzung bei einem anderen Kunden)?

- Können Sie ein Alternativprodukt anbieten, z. B. zu einem günstigeren Preis?
- Können Sie ihm Bevorzugung bei der nächsten Lieferung anbieten?

Die Formulierung könnte so aussehen:

Sehr geehrter Herr Maier,

besten Dank für Ihren Auftrag. Wir freuen uns, dass unser Silverline wieder in Ihr Programm aufgenommen wird. Für uns ist Ihr Interesse eine gute Nachricht, zumal die große Nachfrage auf dem Markt bestätigt, dass wir mit dem Silverline die Bedürfnisse der Verbraucher wirklich richtig erkannt haben. So erfreulich diese Entwicklung für uns ist, stellt sie uns leider für Ihren Auftrag vor ein Problem: Wir können die übliche Lieferzeit von zwei Wochen zu unserem Bedauern nicht mehr einhalten.

Nach Absprache mit unserer Produktion möchten wir Ihnen jedoch zwei Alternativen vorschlagen, sollte Ihnen der neue Liefertermin in vier Wochen nicht ausreichen: Wir können Ihnen eine Teillieferung von 500 Stück innerhalb der nächsten vierzehn Tage verbindlich zusagen. Eine weitere Möglichkeit ist die Lieferung unseres neuesten Produktes, des Silverline Plus. Wie Sie wissen, ist der Preis des Silverline Plus wegen seiner größeren Mine rund 5 % höher als der des Basismodells. Wir werden Ihnen den Silverline Plus aber selbstverständlich zum gleichen Preis liefern wie den Silverline. Zudem gehören Sie damit zu den ersten, die den Silverline Plus auf dem Markt anbieten können.

Bitte lassen Sie uns Ihre Entscheidung möglichst bald wissen, damit wir Ihren Auftrag termingerecht ausführen können.

Genauso wie bei dieser „Krisenbewältigung" gilt es bei allen Kontakten mit Ihrem Kunden, dessen Wünsche in den Vordergrund zu stellen.

Das wichtigste ist, Ihren Kunde spüren zu lassen, dass Sie sich wirklich Mühe geben, eine Lösung für ihn zu finden. Und er muss das Gefühl haben, ein gutes Geschäft zu machen. Letztendlich werden die meisten Kunden die Situation verstehen.

Bauen Sie Ängste Ihrer Kunden ab!

Ihr Unternehmen ist ein Handwerksbetrieb, der sich auf Bodenbeläge spezialisiert hat. Ihre Kunden sind vor allem Privatleute. Der Interessent Gerhard Schönert hat angerufen und sich bei Ihnen nach einem Angebot für die Verlegung von Fliesen in seinem Bad erkundigt. Er weiß genau, welche Fliesen er will und hat Ihnen gesagt, dass er sich Vergleichsangebote einholen wird. Sie wissen, dass Ihre Preise im Vergleich zu der Konkurrenz nicht gerade die günstigsten sind. Wie also können Sie den potentiellen Kunden trotzdem davon überzeugen, sich für Ihr Angebot zu entscheiden? Indem Sie sich Gedanken darüber machen, was für Ihren Kunden, neben dem reinen Fliesenlegen, noch wichtig sein könnte.

Hier eine Auswahl, die sicher nicht nur für Fliesenleger gilt:

- Die weitverbreitete Befürchtung, dass Handwerker grundsätzlich keine Termine einhalten.
- Die Frage, wie gut die Qualität Ihrer Arbeit ist.
- Die Unsicherheit, ob das Bad dann auch wirklich so aussieht, wie Ihr Kunde es sich vorgestellt hat.
- Der Dreck, der beim Fliesenlegen entsteht.
- Die Angst, bei Reklamationen abgewimmelt zu werden.

Nun schauen Sie sich diese Liste an und überlegen Sie, welche dieser Ängste Sie mit welchen Maßnahmen abbauen können. Selbstverständlich sollten Sie nichts versprechen, was Sie nicht halten können – aber wir gehen einfach mal davon aus, dass es einen Grund gibt, warum Ihre Preise höher sind, als die Ihrer Konkurrenz.

Welche Möglichkeiten haben Sie?
- Sagen Sie ihm ausdrücklich, dass Sie für Ihre Termintreue bekannt sind. Wenn Sie es sich zutrauen, bieten Sie ihm eine Art Konventionalstrafe für den Fall an, dass Sie den Termin (durch eigenes Verschulden) nicht einhalten können.

- Überzeugen Sie ihn von Ihrer Qualität, indem Sie die Qualifikation und Berufserfahrung Ihrer Mitarbeiter erwähnen:

> Zu unserem Team gehört immer auch ein Fliesenleger-Meister, der die Arbeit überwacht. Unsere Mitarbeiter sind durchgehend lange bei unserem Unternehmen beschäftigt und werden regelmäßig in den neuesten Arbeitstechniken geschult.

Außerdem hilft es, wenn Sie Referenzen vorweisen können. Sprechen Sie Ihre zufriedenen Kunden grundsätzlich darauf an, ob Sie diese als Referenz angeben dürfen. Vielleicht verbunden mit einem kleinen Geschenk, wenn ein Auftrag zustande kommt.

• Können Sie dem Kunden mit einer Zeichnung oder mittels eines Computerprogrammes zeigen, wie sein Bad aussehen wird? Das hilft Ihnen, Reklamationen vorzubeugen.

• Erwähnen Sie in einem Satz, dass Sie das Bad genauso sauber und ordentlich übergeben, wie Sie es vorgefunden haben.

• Nennen Sie sich selbst als Ansprechpartner für Reklamationen – da Kundenzufriedenheit immer „Chefsache" ist.

Mit all diesen Dingen machen Sie dem Leser Ihres Briefes klar, dass Sie über ihn nachdenken und seine Wünsche kennen und respektieren. Das erzeugt Vertrauen – und dieses Vertrauen ist ein guter Grund für Ihren Kunden, sich für Sie zu entscheiden, und hilft Ihnen gleichzeitig, einen etwas höheren Preis durchzusetzen.

Kurze Sätze schaffen Klarheit

Wenn Sie mit jemandem sprechen, wird Sie schon die schiere Atemnot irgendwann dazu zwingen, Ihren Satz zu unterbrechen. In der Schriftsprache gibt es so hilfreiche physikalische Vorgänge leider nicht, außer vielleicht das Ende eines Farbbandes oder einer Tintenpatrone.

Aber bis dahin kann ein Satz schon ganze Seiten gefüllt haben. Auch wenn Sie noch so viele Dinge zu sagen haben: Sie möchten doch sicherlich, dass der Empfänger Ihres Briefes versteht, was Sie ihm mitteilen wollen – und das schnell? Diese Aufgabe können Sie ihm erleichtern, indem Sie möglichst nur eine Information pro Satz unterbringen. Ein Punkt ist eine Unterbrechung, die zeigt: Hier ist etwas zu Ende, jetzt kann der Leser einen Moment darüber nachdenken, dann beginnt etwas Neues. Diese Logik hilft Ihnen, sich verständlich auszudrücken.

Testen Sie die Verständlichkeit und Überzeugungskraft einer Information am Beispiel „Werbebrief eines Autohauses".

> Der SX200 ist ein sehr spritziges Auto, dessen besonders wirksames Bremssystem auch mit den hohen Spitzengeschwindigkeiten, der SX200 erreicht bis zu 240 km/h, problemlos fertig wird, wobei Sie auch im Falle eines Unfalles, der natürlich hoffentlich nie eintreten wird, optimal geschützt sind, denn die vier Airbags, Fahrer-, Beifahrer- und zwei Seitenairbags, schützen Sie sicher vor den Folgen, wozu auch noch das serienmäßige ABS System beiträgt, das ebenso wie die serienmäßigen Servolenkung zeigt, dass Sie mit dem SX200 eine sehr umfangreiche Komplettausstattung erhalten!

> Der SX200 ist ein sehr spritziges Auto: Er erreicht bis zu 240 km/h! Das besonders wirksame Bremssystem ist speziell für diese hohen Spitzengeschwindigkeiten ausgelegt. Natürlich hoffen wir, dass Sie nie einen Unfall haben werden, doch im Notfall schützen Sie vier Airbags: Fahrer- und Beifahrerairbag sowie zwei Seitenairbags. Ebenso serienmäßig ist das ABS-System. Sie erhalten also mit dem SX200 eine sehr umfangreiche Komplettausstattung, zu der auch die Servolenkung zählt.

Welche Beschreibung ist wohl überzeugender?

Benutzen Sie die direkte Anrede!

Ihr Brief ist nicht an irgend jemanden gerichtet, sondern an genau diesen Menschen, der ihn gerade liest. Und das soll er ständig spüren.

Sagen Sie nicht:

> „Wir haben ein besonders günstiges Reifenmodell in der Größe 170/55 auf Lager."

sondern

> „Wir haben für Sie ein besonders günstiges Reifenmodell in der von Ihnen gewünschten Größe 170/55 auf Lager."

17

Nicht:

> „Wir garantieren, dass wir die vereinbarten Liefertermine genau einhalten werden."

sondern

> „Wir garantieren Ihnen, dass wir die mit Ihnen vereinbarten Liefertermine genau einhalten werden."

Vermeiden Sie Doppelungen!

Beliebte Beispiele für Doppelungen aus der alltäglichen Geschäftskorrespondenz sind:

„Zusammenaddieren", denn addieren bedeutet bereits, etwas zusammenzuzählen.

„Wie vereinbart, wird unsere Frau Müller Sie persönlich aufsuchen, um die Angelegenheit zu besprechen" – wenn ein Mensch irgendwo hingeht, tut er das zwangsläufig persönlich.

„Wir werden ausschließlich nur die anfallenden Versandkosten berechnen" – wie das Wort schon sagt, schließt „ausschließlich" alles andere aus – das „nur" sagt demzufolge das gleiche noch einmal.

„Wir erwarten Ihre Rückantwort in Kürze" – es liegt in der Natur einer Antwort, an den Fragesteller zurückzugehen, also braucht man es nicht noch mal ausdrücklich zu erwähnen.

Verben sind aktiver

Sie wollen Ihrem Kunden vermitteln, dass Sie sich sämtliche vorhandenen Beine für ihn ausreißen, dass er ein wichtiger Mensch für Sie ist (und das ist er – schließlich bezahlt er Ihre Rechnungen). Also sollte Ihre Sprache diese Dynamik ausdrücken. Das tun Sie aber bestimmt nicht, wenn Sie Sätze bilden wie:

> Wir haben Ihren Auftrag in Vormerkung genommen.
>
> Die Auslieferung Ihrer Bestellung wird sofort nach Erhalt Ihrer schriftlichen Auftragserteilung erfolgen.
>
> Die Untersuchung der Gründe für die Lieferverzögerung wurde unverzüglich in Angriff genommen.

Die aktive, lebendige Variante sieht dagegen so aus:

> Wir haben Ihren Auftrag vorgemerkt.
>
> Ihre Bestellung wird sofort ausgeführt, nachdem wir Ihren Auftrag erhalten haben.
>
> Wir haben sofort untersucht, warum sich Ihre Lieferung verzögert hat.

Verwenden Sie möglichst wenig Superlative

Superlative wirken schnell übertrieben und machen Ihre Aussage damit unglaubwürdig und unseriös.

> Wir machen Ihnen das tollste Angebot, von dem Sie seit langem gehört haben!

Das Wort „toll" sollten Sie in Ihrer Geschäftskorrespondenz nur dann verwenden, wenn Sie ein Mittel gegen dem Wahnsinn verfallene Hunde auf den Markt bringen wollen – dann können Sie dem Empfänger mitteilen, dass XYZ garantiert tolle Hunde heilen kann. Ansonsten ist „toll" ein absolut inhaltsleeres Superlativ, das leider inflationär angewendet wird, wenn etwas besonders positiv dargestellt werden soll.

Statt mit solchen Worten zu arbeiten, sollten Sie lieber durch Fakten überzeugen. Behalten Sie als Maßgabe ruhig in Ihrem Kopf, dass Ihr Angebot „toll" ist – und dann sagen Sie Ihrem Leser, warum. Ihre Preise sind 20 % niedriger als die der Konkurrenz! Sie bieten ihm ein Gerät an, das Sie exklusiv in Deutschland vertreiben! Er erhält Ihre Dienstleistung in der ersten Woche kostenlos!

> Das sind die absoluten Mega-Mini-Preise.

„Mega" ist heute alles: Produkte, Geschäfte, Menschen, Preise, Katastrophen. Auch hier gilt: Seien Sie konkret! Ihre Leser sind durchaus in der Lage, die alten bewährten Worte der deutschen Sprache zu verstehen, die das ausdrücken, was Sie eigentlich meinen: Preiswert! Billig! Günstig! Niedrig! Und dann folgt die Erklärung, wie niedrig die Preise nun wirklich sind: in Zahlen, Prozenten oder ähnlichem, um Ihre Aussage vergleichbar machen zu können.

> Nach unseren aktuellsten Unterlagen konnten wir keinen Hinweis auf irgendwelche Funktionsstörungen des Gerätes feststellen.

Aktueller als aktuell geht nicht. Genauso wenig wie optimaler als optimal. Bestimmte Begriffe wirken in der Steigerung unglaubwürdig und sind ganz einfach falsch.

Halten Sie moderne Briefregeln ein

Vielleicht wehrt sich Ihr Jungunternehmer-Herz vehement gegen den Gedanken, irgendwelchen Konventionen zu folgen. Schließlich ist auch Ihre Unternehmensidee innovativ – warum sollten Sie sich daher um Schreibregeln kümmern, die irgendjemand irgendwann einmal erfunden hat? Je nachdem, wann Sie Ihren Beruf gelernt haben, wird sich die Art, wie man heute Geschäftsbriefe schreibt, sehr von dem unterscheiden, was Sie wissen. Oder Sie haben ohnehin einen Beruf, bei dem in der Ausbildung ebenso wie in der Praxis lange nicht so viel Wert auf das Schreiben gelegt wird wie etwa bei einem kaufmännischen Beruf. Das kann in einem handwerklichen Gewerbe ebenso der Fall sein wie nach einem Universitätsstudium, wo Ihnen womöglich jegliche Praxis in der alltäglichen Geschäftswelt fehlt. Nun sind Sie aber in einer Position, in der dieses Wissen eine Rolle spielt.

Regeln haben den Sinn, den Umgang miteinander einfacher zu machen. Sie erleichtern es zudem zu verstehen, was der andere ausdrücken will. Und ihre Kenntnis zeigt, dass man auf die Bedürfnisse der Geschäftspartner Rücksicht nimmt und auf der Höhe der Zeit ist – etwas, dass auch bei der unkonventionellsten Geschäftsidee wichtig ist.

Außerdem erleichtern diese Regeln den Umgang mit Ihrer Geschäfts-korrespondenz, wenn Sie keine Erfahrung haben und auf ein bestehen-des Schema zurückgreifen können. Es lässt noch genug Raum für Indi-vidualität, keine Angst!

In den DIN-Normen finden Sie alle Bestimmungen, Regeln und Emp-fehlungen zum Schriftverkehr. So regelt z. B. die DIN-Norm 5008 die Beschriftung eines Geschäfts-Briefbogens. Sie können diese Normen über den Buchhandel oder direkt beim Beuth-Verlag in Bonn (siehe An-hang „Nützliche Adressen") beziehen.

Auch beim Stöbern im Internet werden Sie fündig. Wenn Sie als Such-wort „DIN 5008" eingeben, finden Sie eine ganze Reihe an Einträgen. Sehr nützlich kann für Sie das Projekt der Fachhochschule Ulm sein, dass Sie unter dem Stichwort „Online-Hilfe betriebliche Korrespondenz" (http://www.rz.fh-ulm.de/projects/onhelp/1-kap.htm) finden. Dieses Projekt wurde speziell für junge Berufseinsteiger entwickelt, die meist keine Erfahrung mit Geschäftskorrespondenz haben. Das Ergebnis kön-nen dann oft missverständliche Schreiben sein – nicht gerade eine Hilfe beim Einstieg in das Berufsleben. Diese Online-Hilfe berücksichtigt die elektronische Korrespondenz ebenso wie Fax-Briefe und verweist auf andere Webseiten mit zusätzlichen Informationen. Es werden Tipps zu formalen Aspekten gegeben und Wege aufgezeigt, zu verständlichen Texten zu kommen.

Briefe übersichtlich gestalten

Es gibt einige sehr einfache Methoden, die Ihre Briefe formal leichter verständlich machen und die „Leselust" Ihres Empfängers fördern. Wenn Ihr Text keine Absätze oder sonstige Unterbrechungen hat, wirkt er schwierig zu lesen – und das schreckt ab.

Absätze

Bilden Sie sinnvolle Absätze! Als Faustregel gilt: Pro Gedanke ein Ab-satz. Damit geben Sie dem Leser sozusagen eine Atempause, in der er über das Gelesene nachdenkt, und machen ihm klar, dass etwas Neues beginnt. Ebenso kann ein besonders wichtiger Gedanke durch einen Absatz hervorgehoben werden. Der Absatz unterstreicht in diesem Fall die Bedeutung des Folgenden.

Aufzählungen

Wenn Sie wichtige Argumente hervorheben oder ein bestimmtes Angebot übersichtlich darstellen wollen, sollten Sie dies in Form einer Aufzählung tun. Sie erleichtert das Erfassen, weil sie kurz und prägnant ist und nur das Wesentliche nennt.

Schauen Sie sich die Darstellungsarten im Vergleich an:

Der neue Sportwagen XL2000 bietet Ihnen eine Vielzahl von Vorteilen: er erreicht eine Spitzengeschwindigkeit von 240 Stundenkilometern, eine vollverzinkte Karosserie, vier Airbags, ein besonders effizientes Bremssystem aus dem Rennsport und eine serienmäßige Klimaanlage. Ein Rundumangebot für mehr Fahr-Spass zu einem vernünftigen Preis!

Der neue Sportwagen XL2000 bietet Ihnen eine Vielzahl von Vorteilen:
– Spitzengeschwindigkeit 240 km/h
– besonders effizientes Bremssystem aus dem Rennsport
– vollverzinkte Karosserie
– vier Airbags
– serienmäßige Klimaanlage
Ein Rundumangebot für mehr Fahr-Spass zu einem vernünftigen Preis!

Die Aufzählung macht die Argumente plakativer und damit wirksamer. Unterstützend wirken hier auch die Gedankenstriche. Ein Vorteil von Aufzählungen ist, dass Sie Ihre Aussagen von allem überflüssigen Ballast befreien können – Sie müssen keine vollständigen Sätze bilden, sondern können sich auf das reine Argument beschränken.

Satzzeichen

Die wohl tuendeWirkung von Satzzeichen auf einen Text wird oft unterschätzt und selten voll ausgeschöpft. Satzzeichen sind in einem geschriebenen Text das, was Sie im Gesprochenen mit Ihrer Stimmmodulation (hoch, tief, schnell, langsam), Mimik und Gestik erreichen: Sie betonen, unterstreichen und erklären das geschriebene Wort. Damit sind natürlich nicht die grammatikalisch erforderlichen, wie Punkt und Komma, gemeint, sondern strukturierende Satzzeichen wie Anführungszeichen, Doppelpunkte, Klammern, Gedankenstriche, Ausrufezeichen und Fragezeichen. Wie können Sie diese Zeichen sinnvoll einsetzen?

Anführungszeichen

Wörtliche Rede und Zitate werden immer in Anführungszeichen gesetzt. Man kann damit aber auch Aussagen relativieren oder als nicht wörtlich gemeint kennzeichnen.

> „Unser neues Alarmsystem DETEKTIV schützt Sie vor ungebetenen Gästen."

Dieser Satz lässt verschiedene Interpretationen zu: „Ungebetene Gäste" meint nicht die Urlaubsbekanntschaft, der Sie auf Ibiza unklugerweise angeboten haben, bei Ihnen zu wohnen, sollte er mal in der Nähe sein, sondern natürlich Einbrecher. In Anführungszeichen gesetzt, wird sofort klar, dass es sich um eine Redewendung handelt:

> Unser neues Alarmsystem DETEKTIV schützt Sie vor „ungebetenen Gästen".

Doppelpunkte

Diese Punkte können klar machen, dass jetzt eine wichtige Aussage folgt. Sie unterbrechen den Satz sozusagen zum Luftholen, um dann zum Punkt zu kommen.

> Wenn Sie sich fragen, wie aufwendig die Installation unseres DETEKTIV in Ihrem Haus ist, werden Sie feststellen, dass das System innerhalb von einer Stunde einsatzbereit ist.

> Wenn Sie sich fragen, wie aufwendig die Installation unseres DETEKTIV in Ihrem Haus ist: Das System ist innerhalb von einer Stunde einsatzbereit.

Klammern

Diese Satzzeichen geben Ihnen die Möglichkeit, weniger wichtige Aussagen oder Erklärungen vom Rest des Satzes zu trennen. Damit bleibt die Aussage prägnant, die erforderlichen Ergänzungen sind aber trotzdem untergebracht.

> Das Alarmsystem DETEKTIV erfordert keine besonderen Voraussetzungen, nur einen 230V Anschluss, und kann deshalb sowohl in Ihrer Mietwohnung als auch in einem Haus installiert werden.

> Das Alarmsystem DETEKTIV erfordert keine besonderen Voraussetzungen (nur 230V Anschluss) und kann deshalb sowohl in Ihrer Mietwohnung als auch in einem Haus installiert werden.

Gedankenstriche

Gedankenstriche sind nützlich bei Aufzählungen. Sie sind aber auch sehr wirksam, wenn es gilt, einen Satz zu strukturieren. Sie unterteilen einen Gedankengang in leicht verständliche Bestandteile und heben Aussagen hervor.

> Wer glaubt, ihm drohe von Einbrechern keine Gefahr, weil er in einer Mietwohnung lebt, wird von der Kriminalstatistik eines Besseren belehrt, denn 65 % aller Einbrüche werden eben in jenen Mietwohnungen verübt.

> Wer glaubt, ihm drohe von Einbrechern keine Gefahr, weil er ja in einer Mietwohnung lebt, wird von der Kriminalstatistik eines Besseren belehrt – 65 % aller Einbrüche werden eben in jenen Mietwohnungen verübt.

Ausrufezeichen

Diese Zeichen sollten Sie sehr sparsam einsetzen, denn eine inflationäre Verwendung nimmt ihnen den Wert. Wie der Name sagt, „rufen" sie etwas heraus, nämlich „Ich bin wichtig" oder „Merk dir das". Gerade die letztere Bedeutung lässt die häufige Verwendung schulmeisterlich wirken. Sehr leicht versucht man, mit einem Ausrufezeichen einer Aussage eine Bedeutung zu verleihen, die sie gar nicht hat. Wenn Sie in Ihrem Brief ein- oder zweimal ein Ausrufezeichen verwenden, ist das o.k. – reicht dann aber auch. Suchen Sie sich dazu die wirklich zentrale(n) Aussage(n) Ihres Briefes aus.

Fragezeichen

Ein Fragezeichen können Sie nicht beliebig verwenden, denn sie setzen eine Frage voraus. Sie sollen hier als Anregung erwähnt werden, bei Ihren Formulierung öfter mal zu überlegen, ob eine Frage, die Sie dann selbst beantworten, ein nützliches Stilmittel sein könnte. Die Frageform nimmt die Frage Ihres Lesers vorweg und Ihre gleich darauf folgende Antwort beantwortet damit also *seine* Frage.

> Eine wichtige Frage ist natürlich, bei welchen Ereignissen das System DETEKTIV einen Alarm auslöst. Zum einen haben Sie einen Bewegungsmelder, der bei einer Annäherung von mehr als einem Meter anspricht. Zum anderen wird der Alarm sofort bei einer direkten Manipulation an den Fenstern und Türen ausgelöst und natürlich auch, sollte jemand versuchen, das Gerät selbst zu öffnen.

> Bei welchen Ereignissen löst das System DETEKTIV nun einen Alarm aus? Zum einen haben Sie einen Bewegungsmelder, der bei einer Annäherung von mehr als einem Meter anspricht. Zum anderen wird der Alarm sofort bei einer direkten Manipulation an den Fenstern und Türen ausgelöst und natürlich auch, sollte jemand versuchen, das Gerät selbst zu öffnen.

Wie vermeiden Sie Formulierungsfehler?

Theoretisch wissen Sie jetzt, was einen inhaltlich guten Brief ausmacht. Wie schaffen Sie es nun, das in die Praxis umzusetzen und dabei mögliche Fehler zu vermeiden? Es gibt drei maßgebliche Fehler, die sich durch unsere alltägliche Geschäftskorrespondenz ziehen.

Das größte Hindernis für die meisten Menschen ist das Gefühl, eine besondere „Schriftsprache" formulieren zu müssen. Als wären die Menschen, die einen Brief lesen etwas ganz anderes als die, mit denen wir sprechen. Das Ergebnis sind unnatürliche und dadurch schwer verständliche, wirkungslose Formulierungen. Ein gutes Mittel, um herauszufinden, ob Ihr Brief „alltagstauglich" ist, ist folgendes: Sprechen Sie den geschriebenen Satz laut aus! Würden Sie zu irgendeinem Menschen, der leibhaftig vor Ihnen steht, sagen: *„Ich würde mich freuen, Ihren geschätzten Auftrag entgegennehmen zu können."* Zu Recht kommt Ihnen dieser Satz gestelzt vor – warum also sollten Sie so schreiben?

Der zweite Fehler, den Sie nicht begehen sollten ist, sich in Ihrem Brief selbst in Frage zu stellen: *„Wir könnten Ihnen das Gerät dann innerhalb von 10 Tagen liefern."* *„Wir würden Ihnen gerne auch bei Ihren weiteren Aufträgen als verlässlicher Partner zur Seite stehen."* Könnten Sie – oder können Sie wirklich? Würden Sie gerne – oder werden Sie tatsächlich?

Womit wir auch schon bei Fehler Nummer drei sind: Floskeln. Eine Floskel ist laut Lexikon eine „nichts sagende, formelhafte Redewendung". Floskeln vermitteln die trügerische Sicherheit des Vertrauten und des Wohlklingenden. In Wirklichkeit sagen Sie damit jedoch gar nichts.

Schauen wir uns an, wie man es besser machen kann!

Fall 1: Bedanken für eine Anfrage

> Wir dürfen uns für Ihr freundliches Interesse bedanken.

Dieser Satz ist leider eine oft verwendete Formulierung. Würden Sie in einem persönlichen Gespräch zu Ihrem Gegenüber sagen: „Ich bedanke mich für Ihr freundliches Interesse?" Sie „dürfen" sich bedanken – mussten Sie jemanden um Erlaubnis fragen? „Freundliches Interesse" gehört mit Sicherheit in die Sammlung der Floskeln – der nichts sagenden Formulierungen.

Wie können Sie sich besser ausdrücken?
Das Interesse Ihres möglichen Geschäftspartners ist nicht aus Freundschaft entstanden, sondern weil er sich eine gute Leistung oder ein gutes Angebot von Ihnen erhofft. Also sollten Sie ihn in dieser Hoffnung bestärken und nicht auf seine Freundschaft bauen. Schließlich haben Sie ein gutes Angebot für ihn, oder? Und natürlich freut Sie diese Anfrage – welcher Geschäftsmann oder welche Geschäftsfrau würde sich nicht darüber freuen?

Damit haben Sie schon alles, was Sie für eine gute Einleitung Ihres Antwortbriefes brauchen:

> Wir freuen uns über Ihr Interesse an unserem Schreibbüro – natürlich informieren wir Sie gerne über unsere günstigen Konditionen.

Fall 2: Schnelle Entscheidung herbeiführen

> Wir würden uns freuen, Ihren geschätzten Auftrag baldmöglichst zu erhalten.

Klar – auch hier fällt das Wort „würden" unangenehm auf. Diese Formulierung legt nahe, dass Sie nicht davon überzeugt sind, ein wirklich gutes Angebot zu machen. Sie lassen die Möglichkeit offen, der Interessent könnte sich dagegen entscheiden. Ja, ja – natürlich ist das in der Realität möglich. Aber in allen Briefen, die Sie beruflich schreiben, geht es auch um Psychologie, um das Überzeugen eines potentiellen oder tatsächlichen Kunden. Deshalb sollte jede Zeile vor Selbstbewusstsein sprühen.

Der „geschätzte" Auftrag ist eine sehr altmodische, vermeintliche Schriftsprache und „baldmöglichst" bedeutet nichts. Denn Sie haben sicherlich eine genaue Vorstellung davon, wie bald Sie den Auftrag auf Ihrem Tisch sehen möchten. Was Sie wollen, interessiert Ihren potentiellen Kunden aber wahrscheinlich gar nicht. Deshalb müssen Sie sich Gedanken darüber machen, was Ihren Interessenten dazu bringen könnte, sich schnell zu entscheiden.

Verbinden Sie Selbstbewusstsein mit klaren Zielvorstellungen:

> Wir freuen uns auf Ihren Auftrag – wenn Sie sich bis zum Ende des Monats entscheiden, können wir Ihnen die Lieferung innerhalb von 14 Tagen garantieren.

Das garantieren Sie natürlich auch, wenn er sich erst in drei Monaten entscheidet – aber so hat Ihr Kunde das Gefühl, etwas Besonderes zu bekommen.

oder:

> Wir freuen uns auf Ihren Auftrag – wenn Sie sich bis zum Ende des Monats entscheiden, können Sie noch unser Einführungsangebot mit 10 % Rabatt für die ersten 10 Arbeitsstunden in Anspruch nehmen.

Fall 3: Kundenorientierung herausstellen

> Wir haben uns immer als ein Unternehmen verstanden, das ganz im Sinne der Kundenzufriedenheit arbeitet.

So, haben Sie? Bei diesem Satz werden viele Leser eine Fortsetzung erwarten, die mit einem „aber" beginnt. Diese „Betrachtung von außen" ist eine beliebte Art und Weise, die vermeintliche Schriftsprache zu gebrauchen. Oder vielleicht auch eine falsch verstandene Bescheidenheit, die nicht klar Stellung bezieht. Das müssen Sie aber, um Ihre potentiellen Kunden zu überzeugen. Dazu gehört, auf alles zu verzichten, was nicht wirklich individuell Auskunft über Sie und Ihr Angebot gibt.

Wollen Sie sich vielleicht mit einem Wort wie „Kundenzufriedenheit" ganz einfach nicht festlegen? Nach dem Motto: „Wir meinen damit, was unsere Kunden damit meinen." Das könnte sogar funktionieren – zumindest bei Kunden, die nicht überzeugt, sondern eingeschläfert werden wollen. Überzeugend sind Sie nur, wenn Sie konkret sind. Und mit ein bisschen Überlegung werden Sie sicher konkrete Argumente finden, die auch für Ihre Kunden wichtig sind.

> Kundenzufriedenheit ist unser wichtigster Maßstab. Dazu gehört die strikte Einhaltung unserer Termine ebenso wie die ständige Qualitätskontrolle. Außerdem haben Sie während der gesamten Auftragsabwicklung einen Ansprechpartner, der für Ihre Wünsche und Fragen immer erreichbar ist.

Was Sie Ihren Kunden versprechen, hängt von Ihren Möglichkeiten ab. Auch wenn Sie ein Neuling als Unternehmer sind, haben Sie sicher genug Erfahrung, um das herauszufinden. Schließlich werden Sie sich ja Gedanken gemacht haben, was Sie besser machen müssen, um eine Chance auf dem Markt zu haben.

Ist es die alte Klage, dass Handwerker ihre Termine nicht einhalten? Oder die Befürchtung, dass man zwar die Fliesen an der Wand, aber auch einen Berg von Dreck hinterlassen bekommt? Befürchtet ein Neukunde Ihres Sonnenstudios aufgrund schlechter Erfahrungen wieder in einem Kabuff mit mangelnder Hygiene zu landen? Hat der mögliche Auftraggeber für Ihr Schreibbüro immer wieder erlebt, dass trotz Versprechungen Termine nicht eingehalten oder Gestaltungswünsche ignoriert wurden?

Kundenorientierung bei den Briefformulierungen

Wichtig ist, dass Sie sich immer vor Augen halten, womit Ihr Kunde die meisten Schwierigkeiten hat – und nicht, was Sie ihm am einfachsten bieten können.

Tipp

Fall 4: Günstige Preise betonen

> Wir können Ihnen unseren „Vario-Staubsauger" zu einem Super-Sonderpreis anbieten: 299 DM!

Wenn Sie Glück haben, glaubt Ihnen Ihr potentieller Kunde ohne weiteres, dass ein „Super-Sonderpreis" einfach etwas Günstiges sein muss. Leider wird diese Wortkombination derart inflationär angewendet, dass sie durchaus schon in die Kategorie Floskel einzuordnen ist. Wie „super" ist denn Ihr Preis wirklich? Wenn er sich im Vergleich mit der Konkurrenz sehen lassen kann, dann sagen Sie das auch!

> Wir bieten Ihnen unseren „Vario-Staubsauger" rund 10 % günstiger als der normale Listenpreis an: für nur 299 DM!

Fall 5: Hoffnung auf Auftrag ausdrücken

> Wir würden uns sehr freuen, wenn Sie sich entscheiden könnten, unsere Dienste in Anspruch zu nehmen.

Das klingt ganz schön ängstlich und nicht sehr überzeugt von Ihren Qualitäten. Warum ist es so unwahrscheinlich, dass der Kunde sich für Ihr Angebot entscheidet? Ist es nicht gut? Wenn Sie sicher sind, ein gutes Angebot gemacht zu haben, dann sagen Sie das auch.

Und die Tatsache, dass Sie ein Dienstleistungsunternehmen sind oder zum Beispiel als Handwerker bestimmte „Dienste" anbieten, heißt noch lange nicht, dass Sie als „Diener" zum Kunden kommen. Sie sind ein Geschäftspartner. Mehr Selbstbewusstsein!

> Wir sind sicher, dass unser Angebot Ihr Interesse findet. Wenn Sie weitere Informationen für Ihre Entscheidung benötigen, lassen Sie es uns bitte wissen – wir geben Ihnen gerne Auskunft.

Fall 6: Bedanken für erteilten Auftrag

> Vielen Dank für das uns entgegengebrachte Vertrauen, wir werden uns bemühen, Ihren Auftrag zu Ihrer Zufriedenheit zu erfüllen.

Wir hoffen doch, dass Sie Ihre Aufträge üblicherweise zur Zufriedenheit Ihrer Kunden erledigen! Wenn Sie die Wahrscheinlichkeit, dass Ihnen das gelingt, aber schon selbst mit dem Wort „bemühen" charakterisieren, kann man Ihrem Kunden eigentlich nur einen schnellen Rücktritt vom Vertrag empfehlen. Auch die oft verwendete Variante dieses Satzes, in der die Zufriedenheit „zugesichert" wird, ist nicht überzeugender. Denn Sie erwähnen etwas, das selbstverständlich sein sollte – und damit keiner besonderen Erwähnung bedarf. Es sei denn als geschickte Eigenwerbung:

> Vielen Dank für Ihren Auftrag – Sie werden feststellen, dass unser hoher Qualitätsanspruch zu ebenso schnellen wie guten Ergebnissen führt.

Fall 7: Lieferverzögerung oder Terminverschiebung mitteilen

> Leider müssen wir Ihnen mitteilen, dass wir den Liefertermin 15. August wegen unvorhergesehener Umstände nicht einhalten können. Die Lieferung wird voraussichtlich erst Ende des Monats bei Ihnen eintreffen.

Grundsätzlich gilt, dass Sie solche Informationen ohnehin nicht einfach schriftlich an den Kunden geben sollten. Ein Telefonanruf ist das mindeste, was Sie tun müssen, um – wenn schon nicht Ihre Termine – zumindest die Regeln der Höflichkeit einzuhalten.

Ob Sie in Ihrem Brief dann den Inhalt dieses Telefonates nochmals bestätigen oder ob es doch einen Grund gibt, zuerst zu schreiben (zum Beispiel, weil Ihr Kunde in Übersee ist oder nicht erreichbar) – etwas besser sollten Sie Ihr Problem auf jeden Fall verpacken.

Erwähnen Sie positive Gründe (aus Ihrer Sicht) für die Verspätung, dann fühlt sich der Kunde zumindest in seiner Entscheidung bestätigt, z. B. wenn eine unerwartet große Nachfrage die Ursache ist. Liegen die Umstände außerhalb Ihres Einflusses, sollten Sie diese ebenfalls erwähnen – dazu gehören z. B. Naturkatastrophen oder Streiks.

Ist es einfach schlechte Planung, können Sie das dem Kunden natürlich nicht sagen. Hier müssen Sie Ihre Phantasie anstrengen: Ein Programmabsturz im Computer vielleicht? In jedem Fall sollten Sie alles daran setzen, solche Fehler künftig zu vermeiden – und das Ihrem Kunden auch sagen.

Außerdem stellen Sie bitte Ihren Kunden nicht einfach vor vollendete Tatsachen und lassen dann die Sache auf sich beruhen, sondern versuchen Sie immer, eine Lösung für ihn zu finden.

> Leider wird sich Ihre Lieferung unerwartet verzögern. Wir haben nun auch die Auswirkungen des Streiks der italienischen Zöllner zu spüren bekommen und unsere Lkws werden an der Grenze aufgehalten. Wir prüfen zur Zeit die Möglichkeit, eine neue Lieferung auf dem Luftweg an Sie zu senden und werden Sie auf jeden Fall auf dem Laufenden halten.

Die endgültige Verzögerung können Sie dann in einem zweiten Schreiben zugeben – wenn möglich mit einem konstruktiven Vorschlag, um künftige Risiken zu minimieren. Selbst, wenn der Vorschlag nicht angenommen wird (was Sie durchaus einkalkuliert haben können), zeigt er doch, dass Sie wirklich bemüht sind, Lösungen für Ihren Kunden zu finden.

> Leider war es uns nicht möglich, kurzfristig eine neue Sendung für Sie zusammenzustellen. Da der Streik nach den Informationen unseres italienischen Büros noch mindestens bis Ende der kommenden Woche dauern wird, können wir Ihnen die Waren voraussichtlich erst zum 30. August anliefern. Wir möchten Ihnen aus Anlass dieser Situation gerne einen Vorschlag über eine geänderte Auftragsabwicklung unterbreiten. Sie sieht größere Liefermengen mit verlängerten Zahlungszielen vor, so dass Sie durch einen höheren Lagerbestand unabhängiger werden. Details dieses Vorschlages werden wir Ihnen in einem separaten Schreiben vorstellen.

Fall 8: Information über eine Preissenkung

> Wir freuen uns, Ihnen mitteilen zu können, dass wir die Preise für unseren Reifen Goodyear 155/65 gesenkt haben. Statt 190 DM kostet er jetzt nur noch 156 DM.

Der misstrauische Kunde sucht sofort nach dem Haken bei der Sache: Ist das ein Auslaufmodell? Werden die das Ding nicht los, weil es nichts taugt, und müssen deshalb den Preis senken?

Geben Sie, wenn möglich, einen Grund für die Preissenkung an. Außerdem können Sie so Ihrem Kunden zeigen, wie Recht er hat, solch einen tüchtigen Lieferanten zu wählen. Außerdem sollten Sie grundsätzlich nie beschreiben, was Sie gerade tun – das sind überflüssige Worte. In obigem Beispiel teilen Sie Ihrem Kunden mit, dass Sie ihm gerade etwas mitteilen. Weitere zu vermeidende, typische Redewendungen sind: „Ich schreibe Ihnen heute ...", „Wir senden Ihnen dieses Schreiben ...", „Wir erlauben uns, Ihnen mitzuteilen ...".

So kann der oben genannte Satz aussehen:

> Wir haben eine gute Nachricht für Sie: Wir konnten den Reifen Goodyear 155/65 aus einer Überschuss-Produktion besonders günstig einkaufen. Unser Angebot: 156 DM statt 190 DM inklusive Montage und Auswuchten!

Fall 9: Information über Preiserhöhung

> Leider müssen wir Ihnen mitteilen, dass sich die Preise für unseren Gartenzaun Jagd ab dem 1. Januar um 5 % erhöhen. Der neue Preis beträgt demnach 7,90 DM pro Meter.

Hier gilt das Gleiche wie für Fall Nr. 8: Geben Sie eine positive Begründung an. Dann „müssen" Sie auch nichts mehr mitteilen, sondern Sie informieren den Kunden über einen selbstverständlichen Vorgang.

> Leider sind auch unsere Lieferanten nicht von den Preiserhöhungen auf dem internationalen Holzmarkt verschont geblieben. Den größten Teil der Preissteigerungen konnten wir jedoch durch größere Einkäufe auffangen, so dass der Preis für unseren Gartenzaun Jagd für Sie trotzdem nur 7,90 DM pro Meter beträgt.

Wie Sie sehen, fehlt hier der Prozentsatz – er macht die Erhöhung zu plastisch und nachrechnen werden nur die Wenigsten. Auch das Wort „Erhöhung" ist gestrichen – es ist negativ und die Tatsache muss nicht noch deutlich ausgesprochen werden.

Fall 10: Produkt ist nicht mehr lieferbar

> Leider müssen wir Sie darüber informieren, dass die von Ihnen gewünschte Batterie Öko 1900 nicht mehr lieferbar ist.

Kunden trennen sich oft nur ungern von Bewährtem. Deshalb besteht in so einer Situation immer die Gefahr, dass der Kunde die Gelegenheit nutzt, zu einem anderen Lieferanten zu wechseln. Also müssen Sie die Tatsache, dass sein vertrautes Produkt nicht mehr lieferbar ist, zur Nebensache machen und ihn mit der Nachricht beglücken, dass er dafür ein noch besseres Produkt bekommt.

> Leider ist die von Ihnen bestellte Batterie Öko 1900 nicht mehr lieferbar. Wir freuen uns aber, Ihnen ab dem 1. Januar das weiterentwickelte Modell dieser Serie, die Batterie Öko 2000, anbieten zu können – mit noch längerer Lebensdauer und zu 90 % recyclingfähig. Der Preis: 258 DM.

33

Checkliste für einen guten Brief

1. Versetzen Sie sich in die Situation Ihres Kunden.

2. Beschränken Sie sich auf eine Information pro Satz.

3. Reden Sie Ihren Kunden direkt an.

4. Stellen Sie sich nicht selbst in Frage mit Worten wie „könnten", „würden", „möchten", „dürfen".

5. Vermitteln Sie Sicherheit und Selbstbewusstsein, indem Sie Ihre Ziele als schon erreicht formulieren.

6. Vermeiden Sie Floskeln.

7. Nutzen Sie positive Nachrichten, um durch Begründungen Ihre Kompetenz zu unterstreichen.

8. Verpacken Sie negative Mitteilungen in positive Begründungen.

9. Vermeiden Sie Superlative – seien Sie konkret in Ihren Aussagen.

10. Gestalten Sie Ihren Brief optisch übersichtlich, auch durch die Verwendung von Satzzeichen.

Positive Standardbriefe entwickeln

Standardbrief – allein der Begriff klingt schon muffig, unflexibel, unpersönlich. Genauso sind die meisten Standardbriefe. Das müssen sie aber keineswegs sein. Individuelle Briefe sind immer besser, aber zeitlich oft nicht zu realisieren.

Standardbriefe können zum Beispiel in der Kundenpflege das Interesse, das Sie an Ihrem Kunden und seinen Wünschen haben, vermitteln – sofern sie gut formuliert sind. Und gut formuliert heißt, dass der Empfänger nichts von Textbausteinen und Standardisierung merkt.

In der alltäglichen Korrespondenz bringt die – positive – Standardisierung viele Vorteile. Wenn Sie der einzige Mitarbeiter Ihres Unternehmens sind, stellt sich das Problem eines einheitlichen Erscheinungsbildes noch nicht – aber vermutlich wollen Sie ja irgendwann expandieren. Und für alle etwas größeren Unternehmen ist es wichtig, nach außen das gleiche Erscheinungsbild zu präsentieren. Dazu gehört die Korrespondenz, in der Höflichkeit und gründliche Kenntnisse der deutschen Rechtschreibung ebenso dazu gehören wie Äußerlichkeiten und inhaltliche Übereinstimmungen.

Mit dem Briefbogen Sympathien gewinnen

Sie sollten nur eine Art von Briefbogen in Ihrem Unternehmen verwenden. Dieser Briefbogen muss immer auf dem neuesten Stand sein, und zwar nicht durch handgeschriebene Vermerke über neue Telefonnummern oder entsprechende Stempel. Jede Änderung muss Ihnen der Neudruck Ihres Briefbogens wert sein. Üblicherweise kommen Änderungen nicht überraschend, so dass sich der Druck rechtzeitig planen lässt. Auch wenn es Ihnen noch so Leid tut um das „gute" veraltete Briefpapier – wenn Sie daran sparen, sagt das Ihren Kunden nur eines: Sie geben sich keine Mühe, Sie wirken nachlässig, Sie sind geizig!

Briefbogen

Gestalten Sie Ihren Briefbogen so, dass er nur Firmennamen und Logo (Firmenzeichen) enthält. Alle anderen Elemente wie Adresse und Telefon sind Bestandteile des Standardbriefes, den Sie als „Maske" in Ihren Computer einbauen.

Tipp

Außerdem kommen solche Änderungen nicht sehr häufig vor, also halten sich die Kosten in Grenzen.

Der Briefbogen Ihres Unternehmens ist Ihre Visitenkarte. Er vermittelt und unterstreicht den Eindruck, den Ihre potentiellen oder tatsächlichen Kunden von Ihrem Unternehmen haben. Er kann Sie „alt" oder modern aussehen lassen. Er kann hilfreich oder hinderlich bei der Kommunikation mit Ihren Kunden sein. Deshalb sollten Sie die Gestaltung in die

Hände eines Grafikers geben. Sprechen Sie doch mal mit Ihrer Druckerei – oft haben diese Unternehmen Grafiker, die Ihnen vielleicht sogar
kostenlos helfen.

Wenn Sie ein Firmenzeichen, ein „Logo", für Ihr Unternehmen haben
möchten, dann basteln Sie es nicht selbst zusammen, es sei denn, Sie
sind Grafiker. Sowohl Farben als auch Formen haben bestimmte Wir-
kungen. Auch wenn Pink Ihre absolute Lieblingsfarbe ist – für ein Beer-
digungsunternehmen ist es sicherlich nicht ganz das Richtige. Ihren
Hang zu kleingeblümten Tapeten, Vorhängen und Stuhlbezügen sollten
Sie bei dem Entwurf Ihres Logos in Zaum halten – es passt nun mal
nicht zu dem, was man sich landläufig unter einem gewieften Steuerbe-
rater vorstellt.

Informationen ordnen

Die Informationen, die sich auf Ihrem Briefbogen befinden – ob gedruckt
oder als Bestandteil jeden Briefes –, müssen eine bestimmte Ordnung
und Gewichtung haben. Diese Gewichtung hat sich in den letzten Jahren
durch den Einsatz des Telefaxes geändert. Die Adresse wird, außer bei
Unternehmen, bei denen der Standort („um die Ecke") von entscheidender Bedeutung ist, eher unwichtig, weil man sie für ein Fax nicht
benötigt. Ganz wichtig sind in jedem Fall Telefon- und Telefaxnummern,
weil sie für eine Antwort sofort auffindbar sein müssen. Und sie müssen
durch die Wahl von Schriftart und Schriftgröße leicht lesbar sein.

Eine Unsitte, die diese leichte Auffindbarkeit zunichte macht, ist das
oft verwendete Verfahren, bei Telefon und Fax eine zentrale Nummer
(06 11 / 12 34-0) anzugeben und in einer Absenderzeile nur die Durch-
wahl (-567). Damit verschwenden Sie die Zeit des Lesers, der bei der
Suche nach der Telefon- oder Faxnummer erst zwei Angaben verknüpfen
muss, um die gewünschte Information zu bekommen. Also schreiben
Sie bitte gleich die komplette Nummer hin: 06 11 / 12 34-5 67.

Absenderangaben

Bei den Angaben zum Absender wird oft nicht erwähnt, welchen Geschlechtes der Schreiber ist. Vor allem bei Behörden heißt es dann oft:
Sachbearbeiter: Müller/Meier. Und Frau Müller ärgert sich dann über

den an Herrn Müller adressierten Brief. Wenn Sie solche Angaben auf einem Schreiben finden, sollten Sie genau das übrigens nicht tun – automatisch annehmen, dass es sich um einen Mann handelt. Es hat sich inzwischen vermutlich herumgesprochen, dass auch Frauen heutzutage einen Beruf ausüben.

Sie haben in diesem Fall zwei Möglichkeiten: Wenn Sie dem Absender gleich das Problem deutlich machen wollen, schreiben Sie an Frau/ Herrn Müller. Das sieht nicht sehr schön aus, aber Sie können sicher sein, dass aus dem nächsten Schreiben ersichtlich ist, ob es sich um Mann oder Frau handelt. Oder Sie adressieren Ihre Antwort geschlechtsneutral an die „sehr geehrten Damen und Herren" und erwähnen Müller/Meier nur in Ihrem Betreff, um die Zuordnung Ihres Schreibens zu ermöglichen. Für Ihre eigene Absenderangabe wirkt übrigens „Manuela Müller" viel freundlicher als „Frau Müller".

Ein besonderes Augenmerk kommt auch Ihrer zweiten Briefbogen-Seite zu. Aus Kostengründen kann es sehr nützlich sein, sie so zu gestalten, dass sie nicht nur für Briefe, sondern auch für Rechnungen und Auftrags- oder alle anderen Formulare verwendbar ist – der Computer macht's möglich.

Der gelungene Aufbau eines Briefes

Als Jungunternehmer haben Sie möglicherweise keine abgeschlossene Ausbildung als Sekretärin und noch nicht das Geld, eine solche einzustellen. Das sollte aber nicht dazu führen, dass Sie die Anforderungen an einen modernen Brief ignorieren. Ihre potentiellen Kunden verstehen vermutlich wesentlich mehr davon als Sie und erwarten von einem leistungsfähigen Unternehmen auch einen ordentlichen Brief – im wahrsten Sinne des Wortes.

Adresse
Ein Brief hat ein Adressfeld. Da gehört demzufolge die Adresse hinein, aber auch der Ansprechpartner.

Der Aufbau ist:

> Firmenname
> Abteilung (wenn bekannt)
> z. H. Ansprechpartner
> Straße, Hausnummer
> >> (Leerzeile)
> Postleitzahl, Ort
> Land (wenn Sie ins Ausland schreiben)

Wenn Sie ein Fax schreiben, können Sie auf die Adresse verzichten, aber schöner ist es auch dann. Verzichten Sie auf die Adresse, gehört die Faxnummer mit einer Leerzeile Abstand unter den Ansprechpartner.

Betreff/Bezugzeichenzeile

Das Wort „Betreff" hat weder als Vordruck auf Ihrem Briefbogen noch in der Betreffzeile etwas zu suchen. Der „Standort" der Zeile macht klar, was sie ist. Jeder Brief muss eine Betreffzeile haben – es erleichtert dem Empfänger die Zuordnung des Schreibens und lässt ihn erkennen, ob der Brief sofortige Aufmerksamkeit erfordert oder nicht. Deshalb können Sie die Betreffzeile auch in diesem Sinn einsetzen, wenn Sie unmittelbare „Aktion" vom Empfänger erwarten.

Der Betreff sagt mit einem kurzen Satz oder Stichwort, worum es geht. Antworten Sie auf ein Schreiben, muss sie auch die Absenderangaben dieses Briefes enthalten:

> Auftragsbestätigung – Ihr Schreiben vom 12.10.1999/Ihr Zeichen SF-07

oder

> Ihr Auftrag Nr. 123456 vom 17.9.1999 – Lieferverzögerung

Anrede

Hier gehört der Name des Ansprechpartners hinein. Wenn Sie ihn nicht wissen, keinesfalls an „sehr geehrte Herren" schreiben – das werden nicht nur Frauen als antiquiert betrachten. Wer heutzutage nicht ganz selbstverständlich davon ausgeht, dass der Ansprechpartner auch eine Frau sein könnte, wird nicht mehr ernst genommen. Also: „Sehr geehrte Damen und Herren". Die Ausnahme ist natürlich, wenn Sie definitiv wissen, dass es in dem Unternehmen oder in der Abteilung nur Männer gibt.

Übrigens gibt es keine „sehr verehrte Frau Maier" mehr, es sei denn, Sie haben oder wollen mehr als nur geschäftlichen Kontakt mit der Dame ... Warum probieren Sie nicht eine originellere Anrede aus, z. B.: „Guten Tag, Frau Müller!" Das klingt doch viel freundlicher, oder?

Einleitung

Sehr gerne wird in der Einleitung entweder der Betreff wiederholt oder beschrieben, was man gerade tut:

> Ihr Auftrag Nr. 123456 vom 17.9.1999
>
> Sehr geehrter Herr Meier,
>
> bezugnehmend auf Ihren Auftrag Nr. 123456 vom 17.9.1999 ...

oder

> Wir schreiben Ihnen hiermit ...

In beiden Fällen verschwenden Sie die Zeit Ihres Lesers – ein unverzeihliches Verbrechen in unserer Zeit. Ihr Brief sollte vom Wichtigen/Interessanten/Positiven zum weniger Wichtigen/Uninteressanten/Negativen kommen, um die Aufmerksamkeit des Lesers zu behalten.

> Wir freuen uns Ihnen mitteilen zu können, dass ... (positiv)
>
> Leider hat sich bei der Lieferung Ihres oben genannten Auftrages über 200 Kugelschreiber „Silverline" eine Lieferverzögerung ergeben.
> (wichtig)
>
> Heute Morgen haben wir einen Sonderposten des von Ihnen bevorzugten kalifornischen Weines „Strong Red" hereinbekommen.
> (interessant)

Grußformel

Der Standard ist „Mit freundlichen Grüßen". Etwas Originalität und Freundlichkeit macht sich grundsätzlich gut – statt der „freundlichen Grüße" zum Beispiel „Einen schönen Tag wünscht Ihnen".

Sehr altmodisch sind die „Vorzügliche Hochachtung" oder das „Hochachtungsvoll". Letzteres kann nur manchmal zum Einsatz kommen, wenn Sie Ihrem Leser etwas sagen wollen, was durch die „freundlichen Grüße" ins Lächerliche gezogen wird – z. B. eine saftige Beschwerde oder die Androhung eines Rechtsstreites. Oft findet man diese Formulierung auch noch bei Kondolenzbriefen. Ein bisschen mehr Mühe wirkt aufrichtiger: „Mit tiefem Mitgefühl" oder „Wir wünschen Ihnen viel Kraft, diese schwere Zeit zu überstehen".

Praxisbeispiele: Standardbriefe schreiben

Wie man einen guten Brief inhaltlich und „äußerlich" formuliert, haben Sie in den vorangegangenen Kapiteln erfahren. Wenn Sie Ihre Alltagskorrespondenz gezielt werbend einsetzen, müssen Sie diese systematisch aufbauen. Das ist die große Chance für junge Unternehmen, denn die Korrespondenz eines schon Jahre bestehenden Unternehmens danach auszurichten, ist eine ungleich schwerere Aufgabe, als dies gleich von Anfang an zu tun.

Zuerst sollten Sie feststellen, welche Art von Briefen bei Ihnen immer wieder vorkommen. Üblicherweise sind das

– Antworten auf Anfragen bzw. Angebote
– Auftragsbestätigungen
– Rechnungen
– Mahnungen

Die folgenden Beispiele verdeutlichen, wie man entsprechende Standardbriefe sinnvoll aufbaut. (Formulierungsalternativen und Kommentare finden Sie in Klammern.)

Antworten auf Anfragen

Der Interessent Herr Schulze hat von Ihrem interessanten Angebot erfahren und möchte gerne Näheres darüber wissen. Diese Anfrage kann telefonisch, per Fax oder normaler Post gekommen sein. Ihre Antwort muss – neben der Anschrift – folgende Elemente enthalten:

Den Betreff: Das Thema – eine Anfrage – ist ja immer das gleiche, und deshalb lässt sich dieser Teil gut standardisieren:

> Ihre Anfrage vom ...: Angebot unseres Sportparks „Perfect Body" (Produkt/Dienstleistung)

Die Anrede: Hier legen Sie nur fest, ob Sie das übliche „Sehr geehrte/r ..." haben wollen oder etwas originelleres, wie z. B. „Guten Tag, Herr/Frau ..."

Die Einleitung: Der erste Satz bzw. die ersten Sätze sind unabhängig von dem Inhalt der Anfrage, sie soll positiv und freundlich sein:

> Besten Dank für Ihre Interesse an unserem Angebot (oder: an unserem Unternehmen). Wir informieren Sie gerne über (jetzt wird's wieder individuell) ...

oder

> Wir freuen uns über Ihr Interesse an unserem Angebot.

Etwas fetziger:

> Herzlich Glückwunsch zu Ihrem Entschluss, etwas mehr für Ihren Körper zu tun. Sie werden feststellen, dass „Perfect Body" Ihnen alles bietet, was Sie dafür brauchen!

Die Information: Das hängt von der Vielfalt Ihres Angebotes ab. Wenn es überschaubar ist und die Anfragen ähnlich sein werden, lässt sich auch diese konkrete Information standardisieren, so dass nur noch individuelle Bestandteile wie besondere Wünsche, Mengen oder Daten verändert werden müssen.

Selbstverständlich finden Sie bei uns die modernsten Geräte für ein effizientes Muskeltraining (spezielle Geräte für ein gezieltes Training der Rückenmuskulatur/ein abwechslungsreiches Angebot an Aerobic- und Gymnastikkursen). Für alle Trainingsangebote erarbeiten ausgebildete Sportlehrer ein individuelles Programm mit Ihnen. Dieser Trainingsplan wird regelmäßig überprüft und entsprechend Ihren Wünschen bzw. Ihrer Entwicklung angepasst. Zusätzlich bieten wir Ihnen an jedem Montagabend einen interessanten Vortrag zu immer neuen Themen rund um das Training, Gesundheit und Ernährung.

Außerdem können Sie selbstverständlich alle Einrichtungen unseres Fitnesscenters, wie unsere Sauna und die Sonnenbank, kostenlos benutzen.

Auch bei der Vertragslaufzeit richten wir uns auf Ihre Wünsche ein: Wenn Sie sich für unseren Langzeitvertrag mit einer Laufzeit von zwei Jahren entscheiden, profitieren Sie von dem besonders niedrigen Beitrag von 90 DM pro Monat. Sie können aber auch den „Schnupper-Vertrag" mit einer Laufzeit von drei Monaten für 110 DM monatlich wählen oder sich auf die normale Vertragslaufzeit von einem Jahr festlegen. Dann liegt der monatliche Beitrag bei 100 DM.

Der Briefschluss: Hier geht es darum, was Sie von dem potentiellen Kunden wollen: Soll er zu Ihnen kommen? Einen Auftrag erteilen? Prospekte anfordern? Sagen Sie es ihm – diese Aufforderung ist vermutlich bei allen Anfragen gleich, ansonsten können Sie auch hier die entsprechenden Varianten festlegen.

Überzeugen Sie sich bei einem kostenlosen Probetraining von unserem umfassenden Angebot für sportlichen Spaß und Ihre Gesundheit. Kommen Sie mit dem beiliegenden Gutschein einfach vorbei oder vereinbaren Sie einen Termin mit Frau Steiner unter der Telefonnummer: 06 11 – 12 34 56. Wir freuen uns auf Ihren Besuch!

Die Grußformel: Die sollte natürlich einheitlich sein – entweder das übliche „Mit freundlichen Grüßen" oder etwas Originelleres wie „Einen schönen Tag wünscht Ihnen" oder „Auf Wiedersehen im Sportpark ‚Perfect Body'".

Auftragsbestätigungen

Im Prinzip können Sie die gleichen Formulierungen wie beim Angebot verwenden – aber besser wäre etwas mehr Enthusiasmus. Ein Auftrag ist schließlich Grund zur Freude, oder? Diese Einleitung lässt sich auch problemlos standardisieren, wobei Sie aber vermutlich unterschiedliche Varianten für Erst- und bereits bestehende Kunden benötigen:

> Wir freuen uns, dass Sie sich für den Sportpark „Perfect Body" entschieden haben. Sie werden sehen, es war ein richtiger Schritt für mehr Gesundheit und Lebensfreude!

> Vielen Dank für Ihren Auftrag – Sie werden in uns einen zuverlässigen Partner Ihres Unternehmens finden. Wir freuen uns, Ihnen Ihren Auftrag zu bestätigen:
> ...

> Besten Dank für Ihr Vertrauen – wir bestätigen gerne Ihren Auftrag wie folgt:

Die eigentliche Bestätigung ist im Falle eines Unternehmens wie des „Sportpark Perfect Body" einfach zu vereinheitlichen, ansonsten aber natürlich individuell je nach der Bestellung.

Rechnungen

Kaum ein Unternehmen gibt sich wirklich Mühe, Rechnungen kundenfreundlich zu „verpacken". Früher wurden Sätze wie „Wir erlauben uns, Ihnen hiermit unsere Rechnung Nr. 13/2 vom 12.9.1999 zu senden" geschrieben, heute sind es meist nüchterne Briefbogen, auf denen groß das Wort „Rechnung" steht – und das war's dann.

Sie können das ganze freundlicher gestalten, wenn Sie entweder ein Begleitschreiben beilegen oder auf der Rechnung selbst einen Text einplanen. In beiden Fällen können die Texte ähnlich sein, es geht nur darum, eine positive Verpackung zu schaffen.

> Wir bedanken uns nochmals für Ihren Auftrag und das Vertrauen, dass Sie in unser Unternehmen gesetzt haben. Anbei finden Sie unsere Rechnung Nr. 12345 – bitte überweisen Sie den Betrag von 222,22 DM innerhalb von 30 Tagen. Unsere Bankverbindung finden Sie auf der Rechnung vermerkt.
>
> Wir freuen uns auf die weitere Zusammenarbeit mit Ihnen!

Mahnungen

Positive Mahnungen – kann es so etwas überhaupt geben? Sicher – es hängt davon ab, aus welchem Anlass Sie Mahnungen schreiben und wie wichtig der ausstehende Betrag für Sie ist. Denken Sie grundsätzlich erst einmal positiv von Ihrem säumigen Kunden: Er hält selbstverständlich das Geld nicht böswillig zurück, sondern er hat es entweder einfach vergessen, oder er traut sich nicht, Ihnen zu sagen, dass er nicht zahlen kann. Im letzteren Fall könnten Sie nun natürlich sagen „Ist mir doch egal – ich habe die Leistung erbracht – er muss zahlen!" Grundsätzlich haben Sie natürlich Recht, aber vielleicht ist es wirklich nur ein ganz kurzfristiger Engpass und mit Verständnis schaffen Sie sich einen Freund (Kunden) fürs Leben. Schreiben Sie nicht „Mahnung" – das klingt nach erhobenem Zeigefinger.

Schreiben Sie:

> Zahlungserinnerung – Kaufvertrag vom 31.3.1999 Opel Corsa „Sport"
>
> Sehr geehrter Herr Müller,
>
> am 1. Oktober war die monatliche Rate in Höhe von 257,- DM entsprechend unserem Kaufvertrag für Ihren Wagen fällig. Leider konnten wir bis heute keinen Zahlungseingang feststellen.
>
> Handelt es sich um ein Versehen? Das ist menschlich. Bitte prüfen Sie den Vorgang und überweisen Sie den ausstehenden Betrag in den nächsten 8 Tagen. Für Ihre Zahlung haben wir den beiliegenden Überweisungsauftrag vorbereitet.
>
> Oder ist Ihnen die Zahlung zum jetzigen Zeitpunkt nicht möglich? Auch das kann vorkommen. Sprechen Sie mit uns – wir werden gemeinsam eine Lösung finden.

Wenn Sie keine Reaktion auf diese Erinnerung erhalten, können Sie schon eher davon ausgehen, dass etwas faul ist. Wollen Sie nun stur auf Ihrem Recht bestehen, können Sie die erforderliche Anzahl von Mahnungen schicken und dann rechtliche Schritte einleiten. Wollen Sie aber darauf spekulieren, Ihr Geld möglichst schnell zu bekommen, eventuell einen Kunden zu behalten und sich einen Ruf als menschliches Unternehmen aufzubauen, dann greifen Sie zum Telefonhörer und versuchen Sie das Problem direkt zu klären.

Möchten Sie Ihrem Kunden immer noch diese etwas peinliche Situation ersparen, können Sie auch noch einen etwas deutlicheren Brief schreiben. Schicken Sie ihn mit Einschreiben und Rückschein (das heißt, der Empfänger muss den Erhalt bestätigen). So weiß er, dass Sie es ernst meinen und Sie haben im Falle eines Rechtsstreits gleich ein Dokument.

Dieser zweite Brief kann so aussehen:

2. Zahlungserinnerung – Kaufvertrag vom 31.3.1999 Opel Corsa „Sport"

Sehr geehrter Herr Müller,

leider haben Sie auf unsere erste Zahlungserinnerung vom 14. Oktober 1999 nicht reagiert. Wir gehen davon aus, dass dies ein Versehen war oder Sie sich auf Reisen befanden.
Falls Sie tatsächlich nicht in der Lage sind, die Rate zu zahlen, versichern wir Ihnen erneut, dass wir gerne mit Ihnen eine Lösung erarbeiten. Diese kann zum Beispiel eine Stundung der Ratenzahlung sein.

Wir bitten Sie aber auch zu verstehen, dass wir, sofern wir innerhalb der nächsten 14 Tage weder einen Zahlungseingang noch eine Nachricht von Ihnen erhalten, davon ausgehen müssen, dass Sie zu einer Zahlung nicht bereit sind. Da wir wie jedes andere Unternehmen wirtschaftlich arbeiten und unsere Außenstände ebenfalls begleichen müssen, wären wir in diesem Falle leider gezwungen, ohne weitere Benachrichtigung ein offizielles Mahnverfahren einzuleiten.
Wir versichern Ihnen jedoch nochmals, dass wir jederzeit bereit sind, mit Ihnen eine Lösung zu finden, die für beide Seiten akzeptabel ist.

Checkliste für positive Standardbriefe

1. Verwenden Sie nur aktuelle Briefbögen.

2. Ordnen Sie die Informationen auf Ihrem Briefbogen so, dass der Leser alles Wichtige leicht findet.

3. Bauen Sie Ihren Brief gemäß moderner Gestaltungsregeln auf.

4. Formulieren Sie die Einleitung Ihres Briefes positiv und freundlich.

5. Sagen Sie dem Leser am Ende des Briefes genau, was er tun soll.

6. Behalten Sie immer die Interessen und Wünsche Ihres Kunden im Auge.

7. „Verpacken" Sie auch formale Korrespondenz, wie Rechnungen, kundenfreundlich.

8. Vermitteln Sie auch bei Mahnungen das Gefühl, immer Verständnis für Ihren Kunden zu haben und nach einer gemeinsamen Lösung zu suchen.

Ihr Weg zum Kunden: Werbebriefe

Was stellen Sie sich unter einem Werbebrief vor? Eine Möglichkeit, ein Produkt oder eine Dienstleistung zu verkaufen? Das ist natürlich die ideale Zielsetzung. Vorausgesetzt, Ihr Angebot verlangt sowenig Erklärungen, damit es sich auf diesem Weg verkaufen lässt. Dazu gehört natürlich der klassische Versandhandel, den großen Versandhäuser wie Quelle oder Otto betreiben. Aber auch andere Unternehmen nutzen diesen Weg: Es gibt zum Beispiel Weinhandlungen, die so werben, weil es sich um Produkte handelt, deren Qualität sich aufgrund von Bezeichnungen zur Herkunft und Sorte einigermaßen abschätzen lässt. Bei den allermeisten Branchen werden es aber immer noch SIE sein, der oder die das Produkt letztendlich verkaufen muss.

Ein Werbebrief kann aber eine ganze Menge mehr leisten, um Ihren Verkauf zu fördern. Er kann zum Beispiel:

- ein bestimmtes Produkt vorstellen und bekannt machen,

- ein konkretes Kaufangebot machen und den Interessenten damit in Ihr Geschäft locken,

- Ihr Unternehmen vorstellen.

Der gelungene Aufbau eines Werbebriefes

Was Sie tatsächlich erreichen können, entscheidet sich oft schon mit der ersten Zeile Ihres Briefes. Wenn Sie nicht die Aufmerksamkeit Ihres Lesers gewinnen, liest er Ihren Brief entweder gar nicht oder er überfliegt ihn, ohne die bestechende Argumentation für Ihr geniales Angebot überhaupt wahrzunehmen.

Mit der Überschrift neugierig machen!

Leider wird Ihr Brief nicht der einzige sein, den der Empfänger bekommt. Es geht also darum, sich gegen die Konkurrenz durchzusetzen.

Und das müssen Sie bereits in der ersten Zeile schaffen, denn Ihr Leser sucht verzweifelt nach einer Möglichkeit, zumindest einen von den zahlreichen Briefen, mit denen er sich Tag für Tag herumschlagen muss, nicht zu lesen.

Sie könnten jetzt ganz clever sagen: „Nun, dann schreibe ich eben gar keinen Betreff, dann muss er ja den Brief lesen, um herauszufinden, worum es geht!" Vermutlich wird er das – aber sicherlich nicht in positiver Stimmung. Schließlich verschwenden Sie seine Zeit – und das ist das Kostbarste, was er besitzt. Und jemanden von Ihrem Anliegen zu überzeugen, der sich gerade über Sie geärgert hat, ist ziemlich schwierig.

Wie kommen Sie zu einer wirklich interessanten Betreffzeile? Am besten, Sie vergessen zunächst einmal, was Sie anzubieten haben. Fragen Sie sich dagegen, was Ihr Kunde braucht. Beschränken Sie sich dabei auf einen einzigen zündenden Vorteil. Details können Sie ihm im Text mitteilen, wenn Sie seine Aufmerksamkeit haben.

Sie eröffnen das erste Sonnenstudio in Ihrer Stadt? Gut! Da brauchen Sie nicht lange zu suchen – das ist bereits die gute Nachricht, die Ihren Leser neugierig macht:

> Jetzt gibt es auch in Musterstadt ein Sonnenstudio: „Sunny World" lädt Sie ein!

Sie eröffnen das zehnte Sonnenstudio in Ihrer Stadt? Nicht so gut … Gehen wir einmal davon aus, dass es einen Grund gibt, warum Sie glauben, mit einem weiteren Sonnenstudio trotz der Konkurrenz Erfolg zu haben. Ist Ihr Studio in einem Stadtteil, wo es bis jetzt noch keines gab? Dann haben Sie einen Ansatzpunkt:

> Jetzt gibt es auch in Ihrer Nähe ein Sonnenstudio: „Sunny World" lädt Sie ein!

oder

> Machen Sie einen Spaziergang in die Sonne: Sonnenstudio „Sunny World" lädt Sie ein!

Ein weiterer Vorteil könnten die besonders geräumigen Kabinen sein – im Gegensatz zu den sonst üblichen:

> Viel Raum für die Sonne: Bei „Sunny World" erwarten Sie großzügige Kabinen!

Wenn Sie sich vorgenommen haben, besonders die Menschen anzusprechen, die zwar eigentlich gerne ein bisschen Bräune tanken möchten, aber Bedenken wegen der gesundheitlichen Risiken haben, können Sie auch das zum Thema machen – positiv verpackt:

> Bräune und Gesundheit tanken – „Sunny World" zeigt Ihnen, wie das möglich ist!

Natürlich geben diese Betreffzeilen allen Sonnenverächtern die Möglichkeit, den Brief unmittelbar nach dem Lesen dieses Satzes wegzuwerfen. Das macht aber nichts, denn Sie können ohnehin nur Leute gebrauchen, die gerne auf die Sonnenbank gehen möchten oder dies bereits tun.

Verfolgen Sie nur ein Ziel!

Ein Werbebrief kann vieles leisten – aber nicht alles auf einmal. Das ist ein wichtiger Unterschied zu Ihrer Alltagskorrespondenz, in der Sie dem Empfänger sehr oft viele verschiedene Dinge mitteilen müssen und wollen. Bei einem Werbebrief zerstören Sie damit die Wirkung. Der Aufbau des Briefes soll eine bestimmte Handlung des Lesers auslösen, entsprechend dem Ziel, das Sie sich gesetzt haben.

Erleben Sie Autofahren ganz neu

Sehr geehrter Herr Müller,

Der SX200 ist nun endlich da – und Sie haben die Chance, Autofahren ganz neu zu erleben: Sportlich schnell und sicher fahren – das ist kein Widerspruch mehr! Der SX200 ist ein sehr spritziges Auto: Er erreicht bis zu 240 km/h. Das besonders wirksame Bremssystem ist speziell für diese hohen Spitzengeschwindigkeiten angelegt. Natürlich hoffen wir, dass Sie nie einen Unfall haben werden, doch die vier Airbags schützen Sie im Notfall sicher vor den Folgen: Fahrer- und Beifahrerairbag sowie zwei Seitenairbags. Ebenso serienmäßig ist das ABS-System. Sie erhalten also mit dem SX200 eine sehr umfangreiche Komplettausstattung, zu der übrigens auch die Servolenkung gehört.

Rufen Sie an und vereinbaren Sie eine Probefahrt – Sie werden die pure Freude am Autofahren erleben!

Bei dieser Gelegenheit möchten wir Sie auch auf unseren neuen Service hinweisen: Jeweils am ersten Montag im Monat kommt der TÜV zu uns ins Haus. Nutzen Sie diese Möglichkeit, Ihre Inspektion ganz bequem mit der TÜV-Abnahme zu verbinden!

Wir freuen uns auf Ihren Besuch!

Das ist so ähnlich wie das gemeine Klingeln des Weckers mitten im schönsten Traum von Sonnenschein, Palmen und Meer – der Leser wird brutal aus seiner Stimmung gerissen. Denn ein Werbebrief soll tatsächlich eine Stimmung aufbauen. Hier geht es darum, dem Autofan das Gefühl zu geben, dass er guten Gewissens ein schnelles Auto fahren darf, weil es so viel Sicherheit bietet. Außerdem muss er sich nicht mit komplizierten Kalkulationen herumplagen, um herauszufinden, was ihn diese Sicherheitsausstattung kostet – er bekommt einen Komplettpreis angeboten. Gerade ist er neugierig geworden und beginnt darüber nachzudenken, ob er zum Telefonhörer greifen und eine Probefahrt vereinbaren soll, da reißt ihn der Brief aus seinen Überlegungen und fordert ihn auf, über etwas ganz anderes nachzudenken: TÜV-Termine!

Kommen wir noch einmal zurück zu unserem Sonnenstudio und schauen wir uns an, was die Vorgabe, nur ein Ziel zu verfolgen, für die jeweiligen Beispiele bedeutet.

> Jetzt gibt es auch in Musterstadt ein Sonnenstudio: „Sunny World" lädt Sie ein!

Wann immer Sie Exklusivität für ein Produkt oder eine Dienstleistung anbieten können, argumentiert es sich natürlich leicht. Sie müssen in diesem Fall nicht mehr die Idee „Besuch eines Sonnenstudios ausgerechnet bei Sunny World" verkaufen, sondern den Leser nur davon überzeugen, dass es jetzt keinen Grund für ihn gibt, nicht ins Studio zu kommen.

> Lange war es umständlich und zeitaufwendig für Sie, mit ein wenig Sonnenbräune so gesund und fit auszusehen, wie Sie sich fühlen. Diese Zeiten sind jetzt vorbei: Am 2. Oktober eröffnet „Sunny World" in Musterstadt. Bequem zu erreichen mit der Buslinie 4 oder ebenfalls ohne Parkplatzsorgen mit Ihrem eigenen Wagen – wir haben Kundenparkplätze direkt vor dem Haus. Schauen Sie sich am Eröffnungstag einfach einmal in unseren großzügigen Räumen um. Lernen Sie unsere geschulten Mitarbeiter kennen, die Ihnen genau sagen können, welche Sonnenliege für Ihren Typ am besten geeignet ist. Und natürlich: Testen Sie das Angebot von „Sunny World" kostenlos!
>
> Wir freuen uns auf Ihren Besuch!

> Jetzt gibt es auch in Ihrer Nähe ein Sonnenstudio: „Sunny World" lädt Sie ein!

Hier verkaufen Sie vor allem eines: Nähe! Sie können ganz besonders zwei potentielle Kundengruppen erreichen: Diejenigen, die bisher ein Sonnenstudio in einem anderen Stadtteil besucht haben und die Interessierten, denen ein Besuch bisher einfach zu umständlich war. Die erste Gruppe ist etwas schwieriger zu gewinnen, weil sich der Mensch ja nur ungern von Vertrautem trennt. Die einfachste Möglichkeit, diese Sonnenhungrigen der Konkurrenz abspenstig zu machen ist, ihnen einen kostenlosen Test anzubieten. Deshalb rückt dieses Angebot im Text auch an prominentere Stelle.

Gutes Aussehen liegt jetzt ganz nahe: Testen Sie am Eröffnungstag, Samstag, den 2. Oktober, kostenlos das Angebot von „Sunny World" in der Kaiserstraße 14! Jetzt ist die Sonne nur einen Spaziergang entfernt und Sie können ohne großen Aufwand endlich so gesund und fit aussehen, wie Sie sich fühlen.
Schauen Sie sich einfach einmal in unseren großzügigen, gepflegten Räumen um. Lernen Sie unsere geschulten Mitarbeiter kennen, die Ihnen genau sagen können, welche Sonnenliege für Ihren Typ am besten geeignet ist.

Wir freuen uns auf Ihren Besuch!

Viel Raum für die Sonne: Bei „Sunny World" erwarten Sie großzügige Kabinen!

Sie haben sich bei der Planung Ihres Sonnenstudios für einen wichtigen Vorteil gegenüber Ihrer Konkurrenz entschieden: Großzügigkeit! Viele Menschen haben eine Abneigung gegen Sonnenstudios, weil sie das mit Enge, unangenehmen Gerüchen und ähnlichem verbinden. Zeigen Sie Ihnen, dass dies nicht sein muss!

Was gibt es Entspannenderes, als ein wenig in der Sonne zu liegen? Diese kleine Flucht aus dem Alltag ermöglicht Ihnen ab dem 2. Oktober „Sunny World". In unseren Kabinen werden Sie sich fühlen wie am Strand: Die mediterrane Einrichtung und das großzügige Platzangebot lassen Sie vergessen, dass die wärmende Sonne nicht vom Himmel scheint.
Testen Sie am Eröffnungstag kostenlos das Angebot von Sunny World in der Kaiserstraße 14! Lernen Sie unsere geschulten Mitarbeiter kennen, die Ihnen genau sagen können, welche Sonnenliege für Ihren Typ am besten geeignet ist.

Wir freuen uns auf Ihren Besuch!

Bräune und Gesundheit tanken – „Sunny World" zeigt Ihnen, wie das möglich ist!

Gesundheitsschäden durch zu viel Sonne sind ein heikles Thema und die Angst davor hält sicherlich viele Menschen, die durchaus das gesunde Aussehen durch ein wenig Sonnenbräune schätzen, von dieser Alternative ab. Die Risiken können Sie nicht einfach weg argumentieren, hier müssen Sie sich schon bei Ihrem Unternehmenskonzept Gedanken machen, wie Sie Ihre Kunden überzeugen.

Wie viel Sonnenschein mit guter Laune zu tun hat, haben Sie sicher auch schon beobachtet. Doch wussten Sie, dass die Sonne tatsächlich einen wissenschaftlich nachweisbaren positiven Einfluss auf unsere Gesundheit und unser Wohlbefinden hat? Wenn Sie mehr wollen, als mit ein wenig Sonnenbräune gesund und fit auszusehen, dann lernen Sie „Sunny World" kennen.

Unsere geschulten Mitarbeiter sagen Ihnen genau, welche Sonnenliege für Ihren Typ am besten geeignet ist und was auch die „künstliche" Sonne, besonders in den Wintermonaten, für Ihre Gesundheit tut. Testen Sie am 2. Oktober, unserem Eröffnungstag, das Angebot von „Sunny World" kostenlos! Bei Ihrem ersten Besuch erhalten Sie unseren Sunny -Timer, in den jeder Besuch mit der entsprechenden Besonnungsdauer eingetragen wird. So können Sie immer sicher sein, nur die positive Wirkung der Sonne zu nutzen.

Wir freuen uns auf Ihren Besuch!

Sie sehen, es gibt für alles positive Argumente! Das Wichtigste ist, dass Sie sich, bevor Sie auch nur ein Wort schreiben, sowohl über die Vorteile Ihres Angebotes als auch über die möglichen Einwände Ihrer Kunden klar werden. Aber immer gilt: Beschränken Sie sich auf das Wesentliche!

Setzen Sie nur entscheidende Argumente ein

Welche Argumente das im Einzelnen sind, hängt natürlich wiederum von der Zielsetzung ab. Der Begriff „entscheidend" ist dabei wörtlich zu nehmen: Was könnte Ihren Leser dazu bringen, sich in Ihrem Sinne zu entscheiden? Wenn Sie die erfahrenen Sonnenbankbesucher ansprechen, um sie darüber zu informieren, dass es jetzt auch in ihrer Nähe ein Sonnenstudio gibt, wird der gesundheitliche Aspekt keine Rolle spielen. Entweder ist es ihnen egal oder sie haben ihren eigenen Weg gefunden, damit umzugehen.

Haben Sie als Ihren entscheidenden Vorteil die Großzügigkeit Ihrer Räume definiert, ist sachliche Argumentation möglicherweise wenig hilfreich. Mit dem Begriff „Großzügigkeit" verbindet jeder ganz individuelle Vorstellungen. Hier sollten Sie überlegen, was ein Besuch auf der Sonnenbank noch vermitteln kann, außer braun zu werden. Wenn Sie Ihren Kunden von dem „Erlebnis" Sonnenbank überzeugt haben, spielen die harten Fakten des Lebens – Nähe, Parkplätze, geschulte Mitarbeiter – nur eine untergeordnete Rolle.

Kunden den Vorteil zeigen

Der Mensch an sich sucht immer nach seinem Vorteil. Ihr Kunde muss das Gefühl haben, dass ihm eine Chance entgeht, wenn er sich für Ihr Angebot nicht interessiert. Wie können Sie ihm das nun beibringen?

> **Problemlösungen anbieten**
>
> **Tipp** Verkaufen Sie nicht Ihr Produkt, sondern lösen Sie die Probleme Ihres Kunden. Dieses Prinzip haben Sie schon beim Formulieren der Betreffzeile kennen gelernt.

In unserem Sonnenstudio-Beispiel ist das ganz klar die Chance, das Angebot am Eröffnungstag kostenlos zu testen. Das Angebot des Autohauses für den „SX200" gibt dem Leser die Chance, eine Komplettausstattung zu einem Pauschalpreis zu bekommen.

Die genaue Art der Verlockung richtet sich nach Ihrem Angebot, aber die Prinzipien sind sehr ähnlich. Besonders geeignet, um das Interesse zu wecken und vor allen Dingen den potentiellen Kunden zum schnellen Handeln zu bringen, sind:

* zeitlich begrenzte Angebote,
* die Chance, etwas als Erster oder zumindest als einer der Ersten zu bekommen.

Fordern Sie zum Handeln auf

Lassen Sie Ihren Leser nicht mit all den verlockenden Angeboten und seiner Neugier alleine. Helfen Sie ihm, die richtige Entscheidung zu treffen.

Sagen Sie ihm, was er tun soll:

Rufen Sie an!

Vereinbaren Sie eine Probefahrt!

Kommen Sie zu unserer Hausmesse!

Bestellen Sie noch heute!

Sichern Sie sich dieses Angebot!

Nutzen Sie das Postskriptum

Ursprünglich war das PS, das Postskriptum, dazu gedacht, im Brief Vergessenes anzufügen. Dieser Zweck stammt aus der Zeit, als man Briefe noch mit der Hand schrieb und eine Korrektur das komplette Neuschreiben bedeutete. Auch in jener Zeit, in der es Schreibmaschinen gab, hatte es noch seine entsprechende Existenzberechtigung. Im Zeitalter des Computers aber ist es eigentlich veraltet, denn es gibt ja nichts Leichteres, als einen Text nachträglich zu verändern oder zu korrigieren.

Doch dank der Werbefachleute erlebt das Postskriptum eine neue Blüte. Man hat beobachtet, dass Menschen das nachträgliche „Anhängsel" an einen Brief als besonders wichtig empfinden und diesen Teil mit besonderer Aufmerksamkeit lesen. Die Wissenschaft hat dies bestätigt. Man setzt das PS heute ganz bewusst ein. Sie werden kaum einen professionellen Werbebrief bekommen, bei dem dieses PS fehlt.

Also nutzen auch Sie diese Möglichkeit!

Nehmen wir uns wieder unseren Sonnenstudio-Brief vor, in dem vor allem auf die Großzügigkeit der Kabinen eingegangen wird.

Jetzt fügen wir dem Text noch einen Nachsatz an, der diese Großzügigkeit ganz deutlich macht:

Das PS einsetzen

Verstärken Sie entweder einen entscheidenden Vorteil aus Ihrem Brieftext im PS oder sprechen Sie einen neuen, zusätzlichen Vorteil für den Leser an. Wählen Sie dabei einen anderen Wortlaut! **Tipp**

Viel Raum für Sonne: Bei „Sunny World" erwarten Sie großzügige Kabinen!

Guten Tag, Herr Schulze!

Was gibt es Entspannenderes, als ein wenig in der Sonne zu liegen? Diese kleine Flucht aus dem Alltag ermöglicht Ihnen ab dem 2. Oktober „Sunny World". In unseren Kabinen werden Sie sich fühlen wie am Strand: Die mediterrane Einrichtung und das großzügige Platzangebot lassen Sie vergessen, dass die wärmende Sonne nicht vom Himmel scheint.

Testen Sie am Eröffnungstag kostenlos das Angebot von „Sunny World" in der Kaiserstraße 14! Lernen Sie unsere geschulten Mitarbeiter kennen, die Ihnen genau sagen können, welche Sonnenliege für Ihren Typ am besten geeignet ist.

Wir freuen uns auf Ihren Besuch!

Ihr „Sunny World" Team

PS: Jede Kabine hat eine Garderobe und einen bequemen Sessel, in dem Sie die entspannende Sonne noch ein wenig „nachgenießen" können!

Grundsätzlich sollten Nachsätze kurz sein, maximal zwei Zeilen. Um dem Sinn dieses Nachsatzes gerecht zu werden und den Effekt nicht zu zerstören, müssen Sie sich hier, ebenso wie bei der Betreffzeile, auf ein einziges Argument beschränken.

Checkliste für einen gelungenen Werbebrief

1. Ihre Überschrift muss den Leser neugierig machen.

2. Konzentrieren Sie sich auf ein einziges Ziel, das Sie mit Ihrem Brief erreichen wollen.

3. Sprechen Sie nur über Dinge, die für Ihren Kunden wichtig sind.

4. Ihr Leser muss das Gefühl haben, ihm entgeht ein wichtiger Vorteil, wenn er Ihren Brief nicht liest.

5. Sagen Sie am Ende Ihres Briefes, was der Leser tun soll.

6. Nutzen Sie die besondere Aufmerksamkeit, die dem PS geschenkt wird für eine wichtige Aussage.

Antwortkarten gezielt einsetzen

Das Schöne an der Direktwerbung ist, dass Sie sofort wissen, ob Ihre Werbung erfolgreich ist. Ganz besonders gut geht das mit Briefen. Wenn Sie diese für Ihre Werbung einsetzen, fordern Sie meist (und sinnvollerweise) den Empfänger auf, etwas zu tun: Besuche mich! Bestelle! Antworte!

Je einfacher Sie ihm diese Handlung machen, umso erfolgreicher wird Ihre Werbung sein. Bei einer Direktwerbeanzeige erleichtert der integrierte Coupon die Antwort. Bei Ihrem Werbebrief ist das die Antwortkarte.

Im Prinzip ist das nichts weiter als eine Postkarte, die schon an Sie adressiert ist. Wie für jede Werbung gilt: Packen Sie nur die unbedingt notwendigen Informationen in diese Karte. Soll Ihr Kunde etwas bestellen, dann gehören die entsprechenden Produkte oder Dienstleistungen auf die Karte, soll er zu einer Veranstaltung kommen, Thema, Termin und Ort.

Außerdem darf auf der Karte ein motivierender Satz nicht fehlen, der dem Empfänger sagt, warum er nun eigent-

Merkzettel integrieren

Bei Einladungen zu Veranstaltungen ist es eine gute Idee, in Ihre Antwortkarte einen Abschnitt zu integrieren, den der Kunde als Merkzettel abreißen kann. **Tipp** Darauf stehen dann noch mal die wichtigsten Informationen, damit er zum richtigen Zeitpunkt am richtigen Ort erscheint.

lich bestellen/kommen/antworten soll. Das war's dann aber auch schon – wenn Sie mit Ihrem Brief nicht überzeugt haben, schaffen Sie das mit der Karte auch nicht mehr!

Eine sinnvolle Aufteilung sieht so aus:

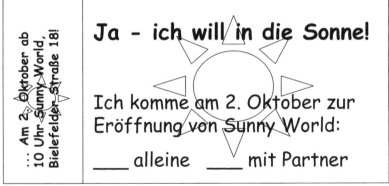

Abb.: Antwortkarte

Die Entscheidungsfreudigkeit Ihres potentiellen Kunden fördern Sie auch mit dem Eindruck in das Briefmarkenfeld: „Gebühr bezahlt Empfänger". Ja – tatsächlich hält manchmal 1 DM jemanden davon ab, zu antworten ... Die Erfahrung zeigt übrigens, dass die meisten Menschen trotz dieses Vermerkes eine Briefmarke aufkleben.

Gestaltung schafft Vertrauen

Ein Werbebrief unterscheidet sich von einem normalen Geschäftsbrief vor allem dadurch, dass er seine wahre Absicht möglichst verschleiern muss. Behalten Sie stets im Hinterkopf, dass sich kaum jemand wirklich für Werbung interessiert. Wir werden heute so sehr mit Werbebotschaften überflutet, dass jeder Versuch, dem heiß umworbenen potentiellen Kunden ein weiteres Angebot zu machen, zunächst einmal unerwünscht ist.

Wählen Sie deshalb die äußere Ausstattung so sorgfältig wie bei einem Bewerbungsschreiben. Versuchen Sie aber nicht, um jeden Preis einfach nur aufzufallen: Eine grellvioletter Umschlag mag vielleicht für den ersten Liebesbrief eines Teenagers passend sein, aber nicht, wenn Sie einen potentiellen Kunden von Ihrer Seriosität überzeugen wollen.

„Schreien" Sie ihn auf dem Umschlag nicht gleich an. Natürlich gibt es Menschen, die mit dem aufdringlichen Geschrei von der „Super-Mega-Chance" zu interessieren sind. Das liegt aber nur an der menschlichen Urangst, etwas zu verpassen.

Wenn Sie an eine besonders exklusive Zielgruppe schreiben (Ärzte, Anwälte, Personen des öffentlichen Lebens), unterschätzen Sie nicht die Intelligenz Ihrer Leser – und ihre Erfahrung mit Werbung. Selbst dabei erwarten sie möglicherweise einen gewissen Stil, und es lohnt sich, auf die einfache Methode des Fenster-Briefumschlages zu verzichten und ein zusätzliches Adressetikett zu tippen.

Sollten Sie bereits mit einer Frankiermaschine arbeiten, müssen Sie in diesem Fall allerdings auf deren Einsatz verzichten – sie würde Ihren Brief sofort als Geschäftsbrief enttarnen. So aber vermutet der Empfänger ein privates Schreiben und die erste Hürde, das Öffnen des Briefes, ist genommen.

Adresse per Hand schreiben

Wenn es nicht zu viele Adressen sind und Sie eine gute Handschrift haben, adressieren Sie den Brief handschriftlich. Es ist eine ideale Methode, die Tatsache zu verschleiern, dass es sich bei dem Inhalt um Werbung handelt. **Tipp**

Papierkorbfallen umgehen

Noch einmal: Der Empfänger will Ihren Brief, Ihr Angebot nicht! Er wird also fleißig nach Gründen suchen, die ihm erlauben, Ihren Brief möglichst schnell wegzuwerfen. Deshalb ist es wichtig, die so genannten Papierkorbfallen zu kennen – und zu vermeiden.

Selbstverständlich hat die Wissenschaft bereits Erkenntnisse darüber gesammelt und sogar die prozentuale Wahrscheinlichkeit, mit der jeweiligen „Sünde" im Papierkorb zu landen, festgestellt. Die sichersten Möglichkeiten, Ihren Werbebrief direkt in den Papierkorb des Empfängers zu befördern, sind:

Der Brief ist bereits von außen als Werbung erkennbar.
Die bunten Aufdrucke machen angenehmerweise gleich klar, dass es sich um ein Produkt handelt, das den Empfänger nicht im Mindesten interessiert. Wunderbar – keine Gefahr, irgendetwas Wichtiges zu verpassen!

Der Name und/oder die Adresse des Empfängers sind falsch geschrieben.
Das ist eine Todsünde: Der Mensch identifiziert sich über seinen Namen, er hat sehr viel mit unserer Persönlichkeit zu tun. Er wird gehasst oder geliebt, für Glück und Unglück im Leben verantwortlich gemacht – aber er sagt immer eines: Das bin ich! Wenn schon dieser wichtige Teil eines Briefes nicht stimmt, schwindet jedes Vertrauen in den Rest. Natürlich sind diese Empfindungen im Allgemeinen nicht bewusst – doch das macht sie nur noch entscheidender für den Erfolg Ihres Briefes.

Es ist keine individuelle Adresse und/oder Ansprache im Brief zu finden.
Bei Aktionen, bei denen man den Adressaten nicht persönlich kennt, lässt sich das nicht vermeiden. Aber es ist auf jeden Fall ein negativer Punkt, da es den Brief als Massenprodukt erkennbar macht.
Außerdem vermittelt die persönliche Adressierung zunächst den Eindruck, Sie kennen den Empfänger. Und einen Brief von einem „Bekannten" wirft der Empfänger natürlich nicht einfach weg.

Sollte das Beschaffen von Adressen also nur eine Zeitfrage sein, heißt die klare Empfehlung deshalb: Investieren Sie unbedingt diese Zeit!

Etikett mit Adresse im Anschriftenfeld des Briefbogens.
Hier gilt das gleiche wie bei dem vorangegangen Punkt: Massenprodukt!

Es ist nicht sofort erkennbar, worum es bei dem Brief geht.
Entweder gibt es gar keinen Betreff oder er ist nichts sagend, der Brief beginnt umständlich oder mit inhaltsleeren Formulierungen. Die Idee, den Leser durch den fehlenden Betreff und ein paar vernebelnde Worte „neugierig" zu machen, geht ganz einfach von falschen Voraussetzungen aus: Der Empfänger will Ihren Brief nicht lesen. Sie machen ihn auf diese Art und Weise nicht neugierig, sondern ungeduldig oder gar ärgerlich über die Zeitverschwendung.

Worte sind durchgestrichen oder sichtbar korrigiert.
Der Empfänger wird sich genau das richtige Bild von Ihrem Unternehmen machen: Die können nicht mal einen ordentlichen Brief schreiben und machen sich auch nicht die Mühe, Fehler zu korrigieren. Schlampiger Brief = schlampiges Unternehmen.

Unterschrift unleserlich, Ansprechpartner nicht erkennbar.
Der Mensch ist immer auf der Suche nach persönlichen Beziehungen. Er möchte nicht von einem anonymen Unternehmen mit ebenso anonymen Mitarbeitern angesprochen werden, sondern wissen, mit wem er es zu tun hat. Und sei es auch nur durch einen Namen.

Veralteter Briefstil.
Auch hier gilt: Der Stil wird auf das Unternehmen übertragen!

Einsatzmöglichkeiten der Werbebriefe

Im engsten und allgemein benützten Verständnis soll ein Werbebrief etwas verkaufen. Doch die Einsatzmöglichkeiten eines Briefes im Direktmarketing sind wesentlich vielfältiger.

Sie können mit einem „Werbebrief" zum Beispiel auch:

- Ihre Kundenkontakte pflegen,
- Kunden gewinnen,
- schwierige Situationen und Krisen bewältigen,
- Öffentlichkeitsarbeit betreiben.

Kundenkontakte pflegen

Für viele Unternehmen endet die Kundenpflege in dem Moment, wo ein Auftrag erteilt wurde. König Kunde hat das getan, was man von ihm erwartet und ist zunächst keiner weiteren Aufmerksamkeit wert. Man wird ihm möglicherweise weitere Angebote schicken, aber all diese Aktivitäten sind zielgerichtet auf die Gewinnung eines neuen Auftrages. Selbstverständlich ist das auch ein wichtiger Teil der Kundenpflege.

Zielgerichtete Kundenpflege

Hierzu gehört, dass Sie Ihre Kunden regelmäßig über neue Produkte, Preisänderungen, Sonderaktionen, zusätzliche Serviceangebote und ähnliches auf dem Laufenden halten.

Tipp

Persönliche Ansprache

Durch eine individuelle Ansprache hat Ihr Kunde immer das Gefühl, Sie haben sich ihn persönlich herausgesucht, um ihm dieses Angebot zu machen.

Auch wenn Sie allen 1297 Kunden den gleichen Brief schreiben, adressieren Sie ihn immer individuell. Schreiben Sie daher nie „Liebe Kunden …" sondern immer: „Lieber Herr Meier …".

Wenn Sie den Zeitaufwand scheuen, dann scheuen Sie die Chance, einen positiven Eindruck zu machen. Außerdem: Der Aufwand hält sich in Grenzen, wenn Sie sich von Anfang an eine systematische Kundendatenbank aufbauen (keine Angst – das klingt wesentlich komplizierter, als es ist – siehe Kapitel „Adressdateien"). Damit haben Sie eine Adressdatei aller Ihrer Kunden und können mühelos einen individuell adressierten Serienbrief aufbauen. Sollten Sie wirklich zu viele Kunden (oder potentielle Kunden) in Ihrer Datei haben, drucken Sie die Briefe gleich nach Postleitzahlen sortiert aus, so dass Sie auch noch die Vorteile der Massenbriefsendungen ausnützen können (siehe Kapitel „Planung von Werbebrief-sendungen").

Vermeiden sollten Sie ebenso jede andere Methode, die dem Kunden klar macht, dass er nur einer von vielen ist. Auch wenn jetzt die Logik in Ihnen aufschreit: „Mein Kunde ist bestimmt nicht blöd, er weiß doch, dass ich nicht nur ihm meine neue Telefonnummer mitteile – warum also sollte ich keine fotokopierten Handzettel verschicken?"

Aus dem gleichen Grund, warum Sie auch bei einer Bewerbung um einen Job keinen fotokopierten Brief beilegen: Weil der Empfänger spüren soll, dass Sie sich mit ihm Mühe geben!

Neutrale Kundenpflege

Wenn Sie Ihrem Kunden allerdings immer nur mit dem Ziel „Verkaufen" anschreiben, wird er in dem Moment, wo er einen Brief von Ihnen in der Post findet, bereits wissen, was Sie von ihm wollen. Je nach seinen augenblicklichen Bedürfnissen wird sich der Kunde entweder gut informiert oder aber belästigt fühlen.

Viel besser ist es, dem Kunden zu vermitteln, dass Sie ihn auch lieben, wenn er nicht gerade seinen Beitrag zu Ihrer ersten Million leistet. Also schauen Sie sich nach Informationen um, die Ihren Kunden interessieren könnten. Natürlich sollten sie etwas mit dem Produkt oder der Dienstleistung zu tun haben, die Sie ihm verkaufen wollen – schließlich wollen Sie die Million ja nicht ganz aus den Augen verlieren ...

Wie finden Sie einen Anlass?

Sie betreiben einen Computershop und haben viele treue Kunden, die nicht nur den Computer von Ihnen haben, sondern auch Zubehör bei Ihnen kaufen. Neben diesem laufenden Geschäft ist das natürlich ein Potential, denn in wenigen Jahren werden sich diese Kunden für die Neuanschaffung eines Computers interessieren – schließlich will der Mensch immer das Neueste haben, das macht ihm schon die Werbung der Hersteller klar. Außerdem arbeiten viele Ihrer Kunden in irgendwelchen Unternehmen und wer weiß, ob sich dort nicht einmal die Frage nach einem neuen Lieferanten stellt ...

Ihre Kundendatei sollte alle Angaben über das gekaufte Computermodell haben. Ebenso selbstverständlich informieren Sie Ihren Kunden regelmäßig über Zubehör, das er für diesen Computer gebrauchen könnte und über alle Möglichkeiten, sein Gerät aufzurüsten. Doch für die neutrale Kundenpflege müssen Sie jetzt noch etwas finden, was ihn unabhängig davon interessiert. Gehört er zu den Kunden, die auch einen Internetanschluss haben, kann das zum Beispiel eine regelmäßig aktualisierte Information über die interessantesten und/oder witzigsten Internetseiten sein.

Tipp

Internetseiten

Um interessante Internetseiten zu finden, müssen Sie nicht ständig selbst auf dem Datenhighway surfen: Alle Internetmagazine und auch viele andere Zeitschriften, wie zum Beispiel der Stern, stellen Seiten vor.

Sehr gut geeignet sind Informationen über den Umgang mit den verschiedenen Software-Programmen – etwa: „Wie optimiere ich den Einsatz von Office 97?" Da diese Materie Ihr Beruf ist, werden Sie sich ganz automatisch damit beschäftigen – lassen Sie Ihren Kunden daran teilhaben! So vermitteln Sie ihm das Gefühl, dass Sie ihm nicht nur etwas verkaufen möchten, sondern auch daran interessiert sind, ihm die optimale Nutzung von Hard- und Software so einfach wie möglich zu machen.

Sind Firmen Ihre Kunden, müssen Sie für fast jedes Unternehmen diese Informationen individuell zusammenstellen.

Halten Sie Ausschau nach Programmen und Informationen, die etwas mit der Branche Ihres Kunden zu tun haben. Ist es ein Architekturbüro, gibt es vielleicht eine neue Software für Architekten. Oder im Internet werden Daten verbreitet, die für Ihren Kunden nützlich sind.

Ein anderes Beispiel: Sie haben eine Schreinerei und arbeiten vor allem im Innenausbau. Wie Sie wissen, lebt ein solches Unternehmen sehr viel von Empfehlungen. Der Kunde, dem Sie gerade sämtliche Zimmerdecken getäfelt haben, wird vermutlich in absehbarer Zeit nicht mit einem neuen Auftrag zu Ihnen kommen. Aber er ist, wenn Sie gute Arbeit geleistet haben, Ihr bester Werbeträger. Deshalb lohnt es sich auf jeden Fall, ihn „warmzuhalten". Es geht ja nicht darum, einen regelmäßigen wöchentlichen oder auch nur monatlichen „Erinnerungsbrief" zu senden. Aber einmal im halben Jahr finden Sie bestimmt einen Anlass. Schicken Sie ihm zum Beispiel Tipps über die Pflege von Holz, um es so lange wie möglich schön zu halten.

Sehr geehrter Herr Muster,

vor einem halben Jahr haben wir für Sie die Täfelung Ihrer Zimmerdecken ausführen dürfen. Wir sind sicher, dass Ihnen der ganz besondere Zauber echten Holzes immer noch viel Freude macht. Damit Sie diese Freude an Ihren Holzdecken noch sehr lange genießen, legen wir Ihnen eine interessante Broschüre der Firma „Holzfreund" bei. Sie finden dort viele einfache Tipps zur Holzpflege, die die hohe Wertbeständigkeit des Holzes zusätzlich sichern.

Sicherlich werden Sie diese Informationen sehr nützlich finden – wir wünschen Ihnen weiterhin viel Freude mit dem natürlichsten aller Materialien: Holz!

Grußkarten

Zu Weihnachten, Geburtstagen, Hochzeitstagen und im Urlaub werden selbst Menschen, die ansonsten nicht gerade gerne Briefe oder Karten schreiben, eigen: Ein schriftlicher Gruß muss sein, sonst fühlt man sich beleidigt. Damit dies nicht in Arbeit ausartet oder eventuelle Schwächen in der Ausdrucksfähigkeit allzu offensichtlich werden, nutzt man dafür die Postkarte. Durch das begrenzte Platzangebot muss man nicht allzu viele Worte machen und bei familiären Anlässen wie Geburtstagen und Weihnachten sind die entscheidenden Worte bereits aufgedruckt. Bleibt nur noch ein … „wünscht Dir Tante Martha" hinzuzufügen, und schon ist der Grußpflicht Genüge getan. Trotz dieser eher formalen Erfüllung werden Grußkarten von den meisten Menschen gerne gesehen, vermitteln sie doch das angenehme Gefühl, dass ein anderer Mensch an uns gedacht hat.

Machen Sie sich dieses „Wohlgefühl" zu Nutze. Anlässe gibt es unendlich viele, wenn Sie Ihre Hausaufgaben gemacht und eine aussagefähige

65

Kundendatei aufgebaut haben: Geburtstag des Kunden und seiner Familienmitglieder, Jubiläen, der Jahrestag seines ersten Kaufes, Frühlingsanfang, Sommeranfang, Herbstanfang, Winteranfang, Valentinstag, der erste Schnee, der Stichtag für die Steuererklärung – was immer auch für Ihre Branche und den Kunden Sinn macht.

Haben Sie eine Kfz-Werkstatt, erinnern Sie ihn zum Herbstanfang daran, dass jetzt bald die Zeit kommt, wo er seine Winterreifen aufziehen lassen sollte, „Damit Sie immer sicher fahren". Haben Sie eine Gärtnerei, sagen Sie ihm, dass der erste Schnee ein guter Zeitpunkt ist, um an den Frühling zu denken: Blumenzwiebeln pflanzen! Als Heizungsbauer sagen Sie Ihrem Kunden, dass der Sommeranfang ein guter Anlass ist, um über eine Inspektion oder Überholung der Heiztechnik nachzudenken.

Es geht nicht darum, große Aussagen zu machen, sondern Ihrem Kunden das Gefühl zu vermitteln, dass Sie sich seiner und seiner Bedürfnisse ständig bewusst sind. Lassen Sie sich nicht durch den Gedanken abhalten, dass Ihrem Kunden doch klar sei, dass er nicht der Einzige ist, der so eine Karte bekommt und was Ihre Motivation dabei ist. Der Kunde spürt den Wunsch, in Kontakt zu bleiben – und das ist etwas Positives.

Individuelle Postkarten

Tipp

Suchen Sie nach einem eigenen Motiv für die Karte. Die meisten Fotoläden machen Ihnen heute aus einem ganz gewöhnlichen Foto eine Postkarte. Vielleicht haben auch Ihre Hersteller oder Großlieferanten solche Karten mit interessanten Motiven in ihren Werbematerialien. Oder Sie haben in anderen Werbebroschüren ein Foto gesehen, das für Ihren Zweck geeignet ist. Fragen Sie nach, ob Sie das Dia oder Foto, das dem zugrunde liegt, nutzen können. Sehr oft geht das kostenlos unter Angabe der Quelle.

Natürlich können Sie bei der Wahl der Postkarten auf das reichhaltige Angebot des Handels zurückgreifen. Ideal wäre jedoch ein eigenes Motiv – die Kosten halten sich sehr in Grenzen.

Wie immer, wenn Sie mit Ihrem Kunden kommunizieren, überlegen Sie kritisch, was ihm gefallen würde – das muss nicht unbedingt das sein, was Sie für interessant halten. Mag auch die neue Druckmaschine Expandor 200045HG in Ihren Augen das schönste

Kunstwerk der Druckmaschinenindustrie seit Gutenberg sein – als Motiv einer Grußkarte wirkt es sicher nicht sehr attraktiv. Zudem sollen Sie mit Ihren Karten nicht werben – nur Interesse zeigen. Also ist als Motiv eher ein besonders schönes, künstlerisches Ergebnis dieser Druckmaschine interessant. Vielleicht eine von Hand illustrierte Seite einer alten Bibel oder ein grafisches Motiv aus alten Bleitypen. Oder diese Typen aufgereiht auf einer Scrabble-Bank zu dem Wort „Herzlichen Glückwunsch". Lassen Sie Ihre Fantasie spielen.

Gestörte Kundenbeziehungen vermeiden

Der regelmäßige Kontakt, und sei es auch nur in schriftlicher Form, kann auch im Falle ernsthafter Probleme in Ihrer Kundenbeziehung sehr hilfreich sein. Hat Ihr Kunde immer das Gefühl, Sie kümmern sich um ihn und sind an seinen Bedürfnissen interessiert, wird er vermutlich bei einer Reklamation sanfter gestimmt sein.

Aber Sie können Ihre „Werbebriefe" auch einsetzen, um solche Beziehungskrisen von vornherein entweder ganz zu vermeiden oder sie zumindest abzumildern.

Statt sich im Falle einer Reklamationswelle hastig irgendwelche Lösungen auszudenken, haben Sie so die Möglichkeit, in Ruhe über ein Angebot an Ihre Kunden nachzudenken: Rücknahme und Austausch, Geld zurück, Nachbesserung? Natürlich wird Ihr Kunde nicht

Probleme frühzeitig ansprechen

Informieren Sie Ihre Kunden frühzeitig über technische Mängel, von denen Sie wissen, dass sie auch bei Ihren Kunden früher oder später auftreten und für Reklamationen sorgen. **Tipp**

begeistert sein von dieser Nachricht, aber er wird es zu schätzen wissen, dass Sie ihn nicht auflaufen lassen. Besser also: Frühzeitig informieren und gleichzeitig eine Lösung oder Wiedergutmachung anbieten.

Kunden gewinnen

Das ist natürlich Ihre liebste Zielsetzung: Neue Kunden! Umsatz! Erfolg! Zunächst stellt sich die Fragen, zu welchem Zeitpunkt in Ihrem Geschäftsleben Sie diesen neuen Kunden gewinnen wollen: Haben Sie Ihr

Unternehmen gerade neu gegründet, so dass man weder Ihr Unternehmen noch Ihr Angebot kennt? Oder sind Sie schon eine Weile im Geschäft und Sie brauchen einfach immer wieder mal „Nachschub" an neuen Kunden?

Diese Unterscheidung ist wichtig, weil Sie im ersten Fall auf absolut nichts aufbauen können. Sie müssen Ihre potentiellen Kunden also nicht nur von Ihrem Angebot überzeugen sondern auch von sich persönlich und Ihrem Unternehmen.

Potentielle Kunden kennenlernen
Sie haben bei dem Thema „Aufbau eines Werbebriefes" schon eine ganze Menge darüber erfahren, wie Sie Ihr Anliegen anbringen. Ein guter Werbebrief beginnt aber schon viel früher: Bei der Auswahl der Zielgruppe.

Wie der Name sagt, sind das die Menschen, die zu erreichen Sie sich als Ziel gesetzt haben. Doch wer sind diese Menschen? Natürlich lässt sich das nicht pauschal beantworten, da das von Ihrem Geschäftsbereich abhängt. Ihre Zielgruppe zu definieren ist sehr wichtig, weil Sie ein genaues Bild der Menschen vor Augen haben sollten, an die Sie letztendlich Ihren Brief schreiben.

Zielgruppen-Definition
Ihre Zielgruppe legen Sie nach verschiedenen Merkmalen fest:

- geographisch
- soziologisch
- beruflich

Geographisch
Auch darüber müssen Sie sich Gedanken machen: In welchem geographischen Raum arbeiten Sie? Haben Sie den Schreibwarenladen um die Ecke eröffnet? Oder einen Versandhandel für Computerzubehör, der bundesweit arbeitet?

Im ersten Fall müssen Sie sozusagen Ihre Nachbarschaft für sich gewinnen. Für Ihre Leser ist es relativ leicht und „ungefährlich", Ihr Angebot zu testen. Vielleicht hat man Ihren Laden sogar schon bemerkt, so dass Sie nicht ganz unbekannt sind. Bei dem bundesweiten Versandhandel sind die Hürden viel höher: Man kennt Sie mit Sicherheit nicht. Ihre potentiellen Kunden gehen ein großes Risiko ein, weil sie sich einem anonymen Unternehmen, das sie „in Wirklichkeit", also physisch, niemals sehen werden, anvertrauen müssen. In dem Schreibwarenladen kann man sich das Gesicht des Menschen, bei dem man seine Waren kauft, ansehen – bei dem Versandhandel geht das nicht.

Vertrauen aufbauen

Wichtig für Ihren Erfolg: Sie verkaufen nicht ein Produkt, Sie verkaufen zunächst immer sich selbst. Vertraut der potentielle Kunde Ihnen, können Sie ihm fast alles verkaufen.

Tipp

Unterschätzen Sie die Bedeutung des menschlichen Kontaktes bei einer Kaufentscheidung niemals. Wenn Sie bereits im Vertrieb gearbeitet haben, werden Sie eine solche Erfahrung vielleicht schon selbst gemacht haben, ansonsten kann Ihnen dies jeder Vertriebsprofi bestätigen.

Wollen Sie Ihren Schreibwarenladen einführen, steht deshalb Ihr Angebot im Vordergrund, weil es leicht für Ihre potentiellen Kunden ist, sich ein „persönliches" Bild zu machen.

Schreiben, Basteln, Lesen – Was immer Sie brauchen, jetzt liegt gute Qualität ganz nahe!

Liebe Nachbarn!

Kennen Sie das auch? Sie haben dringend einen wichtigen Brief zu verschicken und stellen dann plötzlich fest, dass Sie keinen passenden Umschlag zur Hand haben! Oder Ihre Kinder kommen freudestrahlend aus der Schule und erzählen, dass sie zu einem Bastelnachmittag eingeladen sind – und bitte das Material mitbringen sollen ... Kein Problem mehr, denn ab dem kommenden Samstag finden Sie bei „Wundertüte" alles, was Sie zum Schreiben und Basteln benötigen! Aber das ist noch nicht alles: Sie können den „auswärtigen" Bastelnachmittag Ihrer Kinder ganz besonders genießen, weil Sie sich gleich ein paar interessante Zeitschriften mitbringen. Oder Sie suchen sich aus unserer großen Auswahl an Briefpapieren Ihre neuen Briefbogen aus, damit das Briefeschreiben noch mehr Spaß macht.

Und wenn es mal nicht so schnell gehen muss: Wir haben einen ganz besonde-
ren Service für Sie – neben dem umfangreichen Angebot an Schreibwaren und
Bastelartikeln in der „Wundertüte", können Sie zusätzlich aus vielen Katalogen
Material auswählen, das wir dann für Sie bestellen.

Schauen Sie sich doch einfach bei Ihrem Nachbarn „Wundertüte" um. Am Samstag feiern wir ab 9 Uhr unsere Eröffnung mit wunderbaren Überraschungen!

Geht es um etwas wie den Computerzubehör-Handel, sind dagegen
„vertrauensbildende Maßnahmen" gefragt.

Es ist Zeit für eine neue Idee: Computerzubehör mit Sicherheitsgarantie

Sehr geehrter Herr Muster!

Sicher ist Ihnen das auch schon passiert – aus einem riesigen, kaum überschau-
baren Angebot an Zubehör, haben Sie sich einen Artikel herausgesucht – und
dann festgestellt, dass die Beschreibung doch missverständlich war und das Teil
nicht zu Ihrem Computer passt.

Ich habe in vielen Jahren im Computerhandel sehr oft mit Kunden zu tun gehabt,
die dieses Problem hatten. Und auch erfahren, wie ärgerlich es ist, wenn man mit
einer wichtigen Arbeit nicht weiterkommt, weil das notwendige Equipment nicht
vorhanden ist!

Deshalb war klar, dass ich für mein eigenes Unternehmen natürlich aus dieser Erfahrung lernen und eine Lösung anbieten werde. So ist die Compu-Service Sicherheitsgarantie entstanden:

Unsere Bestellformulare habe ein Feld mit der Bezeichnung „Equipment". Dort
tragen Sie die wichtigsten Informationen über Ihren Computer ein. Bei jeder Auf-
tragseingabe werden diese Angaben automatisch mit den Informationen über das
bestellte Produkt verglichen. Stellen wir dabei fest, dass die Produkte nicht zu-
sammenpassen, unterrichten wir Sie unverzüglich und schlagen Ihnen gegebenenfalls ein Alternativprodukt vor.

Sie können aber auch gerne unsere Informations-Hotline anrufen. Unter der Telefonnummer 0130-12 34 56 können Sie sofort mit unserem Computerprogramm prüfen lassen, ob Sie das richtige Zubehörteil gewählt haben.

Sie werden also unsere zehntägige Rückgabegarantie vermutlich niemals brauchen – aber natürlich haben Sie diese Garantie trotzdem!

Wir freuen uns auf Ihre Bestellung!

Hier wird auf charmante Art so einiges an vertrauensbildenden Maßnahmen durchgeführt: Allein schon das Wort „Sicherheit" ist gerade im Zusammenhang mit Computern sehr nützlich – also fühlt es sich in der Betreffzeile besonders wohl. Natürlich ist nie das mangelnde Wissen des Kunden daran schuld, wenn er ein falsches Teil bekommt – es sind immer „missverständliche Beschreibungen" oder „falsche Beratung". Der Absender steht unbedingt auf der Seite des leidgeprüften Kunden („ … erfahren, wie ärgerlich es ist, wenn man mit einer wichtigen Arbeit nicht weiterkommt, weil das notwendige Equipment nicht vorhanden ist!") und jubelt ihm dabei mal eben noch diskret seine „langjährige Erfahrung" unter. Und zum Schluss noch eine kleine Frechheit, die zeigt, wie sicher der Absender sich seines Angebotes sein kann: „Sie werden also unsere zehntägige Rückgabegarantie vermutlich niemals brauchen …"

Sicher liegen die meisten Unternehmensideen irgendwo zwischen diesen beiden Extremen. Aber diese Beispiele verdeutlichen gut das Prinzip. Der Geographie werden Sie übrigens wiederbegegnen, wenn es um die Planung Ihrer Direktwerbeaktion und den Briefversand geht (Kapitel „Vorbereitung ist alles: Checklisten für die Planung").

Soziologisch
Keine Angst, es wird jetzt nicht wissenschaftlich. Der Begriff umschreibt nur eine Reihe von Merkmalen Ihrer Zielgruppe, die für Sie ebenfalls wichtig sein können: Alter, Geschlecht, Herkunft, Bildung. Klingt doch sehr nach theoretischer Wissenschaft? Tatsächlich sind das ganz praktische Dinge.

Nehmen wir zwei Extreme: Unternehmensidee Nr. 1 ist ein Laden für Teenagerbekleidung, Unternehmensidee Nr. 2 ist ein Sanitätshaus, also ein Geschäft, das Artikel für alte und kranke Menschen verkauft. Die beiden Zielgruppen unterscheiden sich gewaltig.

Und dass sich dieser Unterschied in Alter und sozialem Umfeld in der Sprache eines Werbebriefes niederschlagen muss, ist sicher verständlich. Ist Ihre Sprache zu gestelzt, werden Sie den Teenagern nicht das Gefühl vermitteln können, interessante Angebote für sie zu haben. Ist Ihre Wortwahl zu locker, werden die überwiegend älteren Menschen, die potentielle Kunden Ihres Sanitätshauses sind, Sie für unseriös halten. Bei älteren Menschen müssen Sie sich darüber klar sein, dass sich unsere Sprache gerade in den letzten zehn Jahren stark verändert hat. Besonders englische Worte und Fremdwörter, die wir ganz selbstverständlich gebrauchen, sind für ältere Menschen oft völlig unverständlich.

Sanitätsshop Hoffmann – Diskretion und Kompetenz

Sehr geehrte Frau Muster,

Beratung ist gerade bei Sanitätsprodukten ein ganz besonders wichtiger Aspekt. Da hierbei oft auch sehr persönliche Dinge zur Sprache kommen, ist Diskretion entscheidend. Wir haben dies bei der Einrichtung unseres Sanitätsshops berücksichtigt: In unseren Verkaufsräumen finden Sie eine kleine Beratungsecke, wie Sie das vielleicht von Ihrer Bank kennen. Dort können Sie mit unserem gut geschulten Verkaufspersonal Ihre Wünsche besprechen und sich auch gerne unser Angebot zeigen lassen.

Ein zusätzlicher Vorteil: Nach dem „Shop-in-shop"-Prinzip gibt es für Sie bei uns auch einen Kosmetikbereich, der Ihnen sowohl interessante Produkte zur Körperpflege anbietet als auch, nach telefonischer Vereinbarung mit der Shop-Leiterin, Frau Müller, eine kosmetische Fußpflegebehandlung.

Besuchen Sie unsere Eröffnungsparty am kommenden Samstag von 10 Uhr bis 16 Uhr. Wir freuen uns auf Ihren Besuch!

Ihr Sanitätsshop Hoffmann Team

Eigentlich ein guter Brief, meinen Sie? Alles berücksichtigt, was Sie beim Thema „Aufbau eines Werbebriefes" gelesen haben: Aussagekräftige Betreffzeile mit dem wichtigsten Vorteil für den Kunden, Verständnis für die Probleme der Kunden gezeigt und zum Schluss ganz klar gesagt, was der Leser tun soll?

Das ist schon richtig. Trotzdem wird dieser Brief vermutlich ein Flop werden – er überfordert die Zielgruppe ganz einfach. Viele Fremdworte wie „Diskretion", „Kompetenz", „Aspekt", „Prinzip" und die Verwendung englischer Begriffe wie „shop", „Shop-in-Shop", „Party" und „Team".

Auch wenn Ihnen all diese Begriffe geläufig sind, denken Sie an Ihre Zielgruppe! Lesen Sie den Brief einmal Ihrer siebzigjährigen Großmutter vor und fragen Sie dann, was sie davon verstanden hat. Dieses an der Zielgruppe „Vorbeireden" ist eine große Gefahr, weil es sehr schwer ist, sich von seiner eigenen Sprache zu trennen.

Das ist auch der Grund, warum es gut bezahlte Texter gibt, die so etwas professionell machen und mühelos in eine andere Haut schlüpfen können, um dann entsprechend zu schreiben.

Wie sieht also ein zielgruppengerechter Brief aus?

Sanitätshaus Hoffmann – ausführliche Beratung in angenehmer Umgebung

Sehr geehrte Frau Muster,

Beratung ist gerade bei Sanitätsprodukten ganz besonders wichtig. Da hierbei oft auch sehr persönliche Dinge zur Sprache kommen, ist Vertraulichkeit entscheidend. Wir haben dies bei der Einrichtung unseres Sanitätshauses berücksichtigt: In unseren Verkaufsräumen finden Sie eine kleine Beratungsecke, wie Sie das vielleicht von Ihrer Bank kennen. Dort können Sie mit unserem gut geschulten Verkaufspersonal Ihre Wünsche besprechen und sich auch gerne unser Angebot zeigen lassen.

Ein zusätzlicher Vorteil: Es gibt für Sie bei uns auch einen Kosmetikbereich, der Ihnen sowohl interessante Produkte zur Körperpflege anbietet als auch, nach telefonischer Vereinbarung mit der Leiterin, Frau Müller, eine kosmetische Fußpflegebehandlung.

Besuchen Sie unser Eröffnungsfest am kommenden Samstag von 10 Uhr bis 16 Uhr – wir freuen uns auf Ihren Besuch!

Ihre Berater des Sanitätshauses Hoffmann

Sie sehen, bei vielen Fremdworten heißt die einfachste Lösung: weglassen. Und das hat an der Schlagkräftigkeit des Briefes nichts geändert – nur ist die Chance jetzt sehr groß, dass die Empfänger verstehen, was Sie Ihnen Wichtiges sagen wollen.

Beruf
Auch womit sich Ihre potentiellen Kunden Ihren Lebensunterhalt verdienen, hat großen Einfluss auf Ihren Werbebrief. Wollen Sie sich als Unternehmensberater etablieren, sollte Kompetenz und Bildung aus jedem Ihrer Worte sprühen. Haben Sie ein Angebot, das sich an „jedermann" richtet – Beispiel Sonnenstudio – müssen Sie wie beim Dividieren den kleinsten gemeinsamen Nenner finden: Die Sprache Ihres Briefes muss für alle verständlich und akzeptabel sein.

Ehemalige Kunden wieder aktivieren

Kundenadressen sind Ihr wichtigster Schatz – behandeln Sie sie entsprechend. Wie Sie eine Adressdatei am besten aufbauen und was für schöne Sachen Sie sonst noch damit anfangen können, erfahren Sie im Kapitel „Nützliche Helfer".

Wenn Sie einen Menschen oder ein Unternehmen schon einmal soweit überzeugt haben, dass Sie einen Auftrag erhielten, ist die schwierigste Hürde bei allen künftigen Kontakten schon bewältigt: Man kennt Sie! Voraussetzung ist, dass Ihr Kunde positive Erfahrungen mit Ihnen gemacht hat. Wie leicht oder wie schwer es Ihnen fallen wird, Ihren Kunden wieder für einen neuen Auftrag zu gewinnen, hängt sehr von der Kundenpflege ab, die Sie betrieben haben (Kapitel „Kundenkontakte pflegen").

Wenn Sie sich nach dem Abschluss eines Auftrages nicht weiter um den Kunden gekümmert haben, müssen Sie sich erst wieder bei ihm in Erinnerung rufen.

Hat er dagegen, selbst über einen langen Zeitraum, immer mal wieder etwas von Ihnen „gehört", ist ihm Ihr Name bzw. der Ihres Unternehmens vertraut und – üblicherweise – aufgrund des, wenn auch lockeren Kontaktes, in angenehmer Erinnerung. Er wird also im Allgemeinen jedes neue Schreiben von Ihnen mit positiver Aufmerksamkeit lesen. Und das ist genau der Sinn der Kundenpflege.

Schwieriger ist es, wenn Sie einen „kalten" Kunden aktivieren wollen. Je nach dem, wie lange der letzte Auftrag zurückliegt, werden die Schwierigkeiten mehr oder weniger groß sein.

Wenn Sie fünf Jahre, nachdem Ihr Architekturbüro für Herrn Schneider sein Eigenheim geplant hat, ihn wieder anschreiben, um ihm Ihre Angebote für den Innenausbau schmackhaft zu machen, wird er sich, wenn Sie Pech haben, ganz anders an Ihr Unternehmen erinnern, als Ihnen lieb ist. Lange Zeiträume verändern die Sicht von Ereignissen sehr oft. In den ersten Monaten nach der Fertigstellung seines Hauses war Herr Schneider noch hochzufrieden mit der guten Beratung und der exakten Einhaltung von Budget und Zeitplan durch Sie. Einige Monate später besuchte ihn jedoch sein Bruder und schlug entsetzt die Hände über dem Kopf zusammen, als er hörte, was das Baumaterial gekostet hat. Er kennt natürlich ein Unternehmen, dass das Ganze viel billiger geliefert hätte. Drei Jahre später ist Herr Schneider neu verheiratet und die Kinder seiner zweiten Frau sind im Teenageralter. Ihr Musikgeschmack und ihre Vorstellung von angemessener Lautstärke sind entsprechend. Jetzt zeigt sich, dass Herr Schneider bei der Hausplanung damals den Aspekt Schalldämmung vernachlässigt hat. Er erinnert sich an die Bemerkungen seines Bruders und kommt zu der Überzeugung, dass Sie ihn nicht nur durch überhöhte Preise über den Tisch gezogen, sondern auch bei der Beratung wichtige Dinge vernachlässigt haben. Die Tatsache, dass zu den Materialien, die er gekauft hat, viele Sonderanfertigungen gehörten und er bei den Planungsgesprächen noch ausschließlich Vater eines erwachsenen Sohnes war, ignoriert er. Schließlich gehören zu den Eigenschaften eines Architekten sowohl Hellsehen als auch Telepathie.

Kurze Zeit später flattert ihm Ihr Brief ins Haus:

Schönes kann noch schöner werden

Sehr geehrter Herr Schneider,

vor fünf Jahren haben wir mit Ihnen zusammen Ihr Haus im Morgenweg geplant. Wir freuen uns, dass diese Zusammenarbeit so reibungslos geklappt hat und wir alle Ihre Wünsche umsetzen konnten. Ihr Haus ist in den vergangenen Jahren für uns immer wieder als Beispiel angeführt worden, dass sich auch sehr individuelle Vorstellungen eines Bauherrn kostengünstig umsetzen lassen. Und Ihr Haus überzeugt alle Bauherren von dieser Möglichkeit.

Wir haben inzwischen das Angebot unseres Architekturbüros um den Bereich Innenausbau erweitert. Dazu haben wir eine renommierte Innenarchitektin, Frau Gudula Ziegler, als Partnerin gewonnen. Sicherlich haben sich in den vergangenen fünf Jahren viele neue Ideen und vielleicht auch Anforderungen für die Gestaltung Ihres Heimes bei Ihnen ergeben. Rufen Sie uns doch einfach einmal an und vereinbaren Sie einen unverbindlichen Beratungstermin. Wir können sicherlich auch dieses Mal Ihre Wünsche Realität werden lassen!

Wir freuen uns auf Ihren Anruf!

Sie haben diesen Brief im festen Vertrauen auf eine Zusammenarbeit geschrieben, die Ihres Wissens nach reibungslos und zur beiderseitigen Zufriedenheit abgelaufen ist. Für Herrn Schneider und seine etwas „korrigierte" Erinnerung ist er der blanke Hohn.

Hätten Sie damals gleich angefangen, Herrn Schneider „im Auge" zu behalten, wüssten Sie vermutlich von seinen nachträglichen Bedenken und wären in der Lage gewesen, sein Bild wieder zurechtzurücken, indem Sie ihn an die Voraussetzungen erinnerten, unter denen die Planung damals erfolgt ist.

So haben Sie keine Chance – im Gegenteil: Herr Schneider wird sicherlich allen Leuten, die er kennt, davon abraten, mit Ihrem Architekturbüro zusammenzuarbeiten.

Diese Geschichte zeigt natürlich einen Extremfall. Aber er soll ja auch nur verdeutlichen, dass Sie in gewissem Maße die „Kontrolle" über Ihre Altkunden behalten müssen, um sie später möglichst einfach aktivieren zu können. Denn selbst wenn Herr Schneider keinen Bedarf für Ihr Angebot hätte – gerade in Branchen, die viel mit Beratung zu tun haben, leben Unternehmen von Empfehlungen. Und ein zufriedener Kunde empfiehlt Sie gerne weiter.

Alte Kundendaten prüfen

Ein weiterer Vorteil eines regelmäßigen Kontaktes ist die Information über Veränderungen bei Ihrem Kunden. Ändern sich Adresse, Ansprechpartner oder sonstige Dinge, werden Sie es vermutlich wissen. Graben Sie nach längerer Zeit einen „kalten" Kunden wieder aus, müssen Sie zunächst sorgfältig diese Informationen überprüfen. Im Kapitel „Gestaltung" haben Sie bereits erfahren, wie schnell fehlerhafte Angaben Ihren Brief geradewegs in den Papierkorb führen.

Nehmen Sie diese Überprüfung deshalb wirklich ernst, auch wenn es Sie Zeit kostet:

- Stimmen die Adresse, Telefon- und Telefaxnummer noch?
- Stimmt der Name Ihres Kunden noch (Heirat, Scheidung)?
- Wenn es sich um eine Firma handelt: Hat sich der Firmenname geändert?
- Gibt es Ihren Ansprechpartner in dem Unternehmen noch?

Bedarfsgerecht schreiben

Für die Aktivierung eines alten Kunden gibt es einen Grund: Entweder sprechen Sie Ihre ehemaligen Kunden regelmäßig an und versuchen sie

77

für Ihr Angebot (neu) zu gewinnen, oder es hat sich eine Veränderung in Ihrem Unternehmen ergeben. Dabei kann es sich um eine Erweiterung Ihres Sortimentes, Ihres Dienstleistungsangebotes handeln, und Sie denken, dass dies Ihren Altkunden interessieren könnte.

Wie bei dem Beispiel des Briefes an den Hausbesitzer Schneider sollte die Einleitung Ihres Schreibens den Empfänger an ein gemeinsames positives Erlebnis erinnern wie beispielsweise die erfolgreiche berufliche Zusammenarbeit. Egal, ob Sie für Herrn Müller sein Computerequipment zusammengestellt, das Hochzeitskleid von Frau Meier geschneidert oder den Sondermüll der Firma Schulze beseitigt haben.

Auf der Basis dieser positiven Erfahrung können Sie Ihr Angebot für künftige Aufträge leichter verkaufen.

Direkter Verkauf
Wenn sich Ihr Produkt dafür eignet, können Sie per Brief verkaufen – jeder Versandhandel macht das schließlich. Aber auch eine Dienstleistung lässt sich auf diesem Weg verkaufen, wobei hier meist noch ein persönlicher Besuch zur Klärung der Einzelheiten eines Auftrages anstehen wird.

Als Jungunternehmer haben Sie vor allem das Problem, dass Ihnen Menschen die Angaben über Ihr Angebot glauben sollen, die weder Ihr Unternehmen noch Sie kennen oder auch nur von Ihnen gehört haben. Als Neuling gleich mit der Tür – beziehungsweise dem Brief – ins Haus zu fallen, ist deshalb ein riskantes Unternehmen. Lehnt der potentielle Kunde Ihr Angebot erst einmal ab, wird es Ihnen kaum noch möglich sein, diese Adresse erneut zu nutzen. Der Hoffnungsträger für Ihr Unternehmen wird sich beim Lesen des Absenders daran erinnern: „Ach, die haben mir doch schon mal ein Angebot gemacht, das mich nicht interessiert!"

Aus diesem Grund empfiehlt sich der Drei-Phasen-Brief, um sich langsam dem potentiellen Kunden zu nähern, ihn schrittweise darauf vorzubereiten, dass er bald das unwiderstehliche Angebot eines einzigartigen neuen Unternehmens bekommt.

Je nachdem, wie gezielt Sie Ihre Adressen auswählen, beziehungsweise überhaupt auswählen können, wird Ihr Brief leider einen Teil der Empfänger überhaupt nicht interessieren, weil sie nicht zu Ihrer Zielgruppe gehören.

Eröffnen Sie zum Beispiel ein Schreibwarengeschäft, wird Ihre Kundschaft vermutlich in Ihrer unmittelbaren geographischen Umgebung sitzen. Sie werden also für Ihre Werbebriefaktion die Postwurfsendung (siehe Kapitel „Wie kommen Sie an Adressen?") wählen. Damit haben Sie keine persönlichen Ansprechpartner, sondern anonyme Menschen. Im Prinzip sind aber all diese Menschen potentielle Kunden für Sie, denn Schreibwaren braucht jeder irgendwann einmal.

Etwas anders sieht es aus, wenn Sie ein Schreibbüro eröffnen. Als Kunden wollen Sie die Unternehmen Ihrer Stadt gewinnen. Deshalb haben Sie sich von der IHK die Adressen aller Unternehmen mit einer gewissen Mindestgröße besorgt und Ihre Ansprechpartner ermittelt.

Sie können jetzt zwei Wege gehen. 1. Entweder setzen Sie voraus, dass diese Unternehmen irgendwann einmal Ihre Dienste benötigen werden und senden alle drei Briefe an jeden dieser potentiellen Kunden. Oder 2. Sie möchten zunächst die Aktion wirklich nur dort fortsetzen, wo sie Erfolg versprechend ist. Deshalb bauen Sie in den ersten Brief eine Frage nach dem Interesse des Empfängers ein, um dann nur noch diese Unternehmen weiter anzuschreiben.

Das schließt nicht aus, die anderen erneut zu kontaktieren, sollten Sie wieder neue Auftraggeber benötigen – oder die Resonanz auf Ihre Frage zu gering sein.

Der Drei-Phasen-Brief

I. Ankündigung
Der erste Schritt sagt dem Empfänger nur: Achtung, hier kommt etwas Neues, das dich interessieren könnte. Das Angenehme – und auch Überraschende – für den Leser ist, dass Sie nichts von ihm wollen. Sie sagen sozusagen einfach nur mal „Guten Tag". Da Sie seine Aufmerksamkeit und damit seine Zeit in Anspruch nehmen wollen, müssen Sie aber auf

jeden Fall irgendetwas Interessantes zu sagen haben, sonst bereiten Sie nicht den Boden für eine positive Aufnahme künftiger Briefe, sondern Sie ebnen den Weg direkt in den Papierkorb.

Das Prinzip kennen Sie: Sagen Sie ihm nicht, was Sie anzubieten haben, sondern welches Problem Sie für ihn lösen können. Nehmen wir das Beispiel Schreibbüro mit den potentiellen Kunden „Unternehmen Ihrer Stadt".

Welches Problem lösen Sie mit Ihrem Angebot für Ihre Kunden?

- Personalengpass, zum Beispiel durch Krankheit, Urlaub?
- Kurzfristiger Abbau von hohem Arbeitsanfall?
- Expansion ohne Risiko? Das Unternehmen hat viele Aufträge, will aber noch nicht das Risiko der Festeinstellung von Mitarbeitern eingehen, weil es nicht sicher ist, ob das Hoch anhält.
- Erledigung zeitaufwendiger Aufträge, zum Beispiel Dokumentationen oder Handbücher schreiben, damit die fest angestellten Schreibkräfte flexibel bleiben?
- Ausführung von technisch aufwendigen Aufträgen, für die das Unternehmen keine Ausrüstung hat, Sie aber schon: Einscannen von Bildern und Dokumenten in Texte, Schreiben von Präsentationen mit Grafiken etc.?

Die nächste Frage, die Sie in Ihrem Brief beantworten müssen ist: Warum soll das Unternehmen ausgerechnet IHNEN den Auftrag erteilen? Was zeichnet Sie aus? Was rechtfertigt dieses Vertrauen? Wie kann das Unternehmen das Risiko minimieren? Denn ein Risiko ist es auf jeden Fall: Meist hängen an solchen Aufträgen Termine, die für das Unternehmen wichtig sind. Geht das schief, weil der neue „Lieferant" nicht hält, was er verspricht, können auch Schäden finanzieller Natur entstehen. Diese beiden Punkte gehören in Ihren Ankündigungsbrief, denn sie entscheiden darüber, ob Ihr Angebot überhaupt interessant sein könnte für den Empfänger.

Für die wichtige Betreffzeile suchen Sie sich das entscheidende Argument für den Empfänger heraus: Sie helfen ihm bei seinen Problemen! Das Wort „Problem" sollten Sie übrigens für Werbebriefe aus Ihrem

Wortschatz streichen – niemand gibt gerne zu, Probleme zu haben und schon gar nicht, sie nicht selbst lösen zu können.

Warum binden Sie Ihre erfahrenen Angestellten mit Routinearbeiten?

Sehr geehrter Herr Muster,

Sie kennen das sicher: Sie haben gut eingearbeitete Mitarbeiter, die Sie dringend für tagesaktuelle Aufgaben benötigen. Doch da sind auch eine ganze Reihe Routineaufgaben zu erledigen: Ein Handbuch aktualisieren, Dokumentationen schreiben, Berichte vom Band tippen und vieles mehr. Alles muss zuverlässig erledigt werden und nichts ist eigentlich „weniger" wichtig.

Diese Anforderungen lassen sich nun leicht erfüllen: Nutzen Sie die Erfahrung unserer Mitarbeiter. Das Schreibbüro Schneider & Holl wird von zwei erfahrenen Sekretärinnen geführt. Nach zehn Jahren in verschiedenen verantwortungsvollen Aufgaben, setzten wir nun unsere Fähigkeiten freiberuflich ein.

Wir haben in den letzten Jahren als Chefsekretärin bzw. Leiterin eines Schreibpools gearbeitet. Daraus können Sie sehen, dass wir sicherlich jede Aufgabe sorgfältig ausführen werden, die Sie uns stellen. Und ganz wichtig: Termintreue und äußerste Sorgfalt ist uns durch unsere berufliche Erfahrung natürlich eine Selbstverständlichkeit!

(Wenn Sie sich für die „Rückmeldungsvariante" entscheiden:)
Möchten Sie mehr über unser Angebot erfahren? Dann senden Sie bitte die beiliegende Antwortkarte an uns zurück!

(Für alle:) Wir freuen uns über Ihr Interesse und informieren Sie gerne weiter!

Ihr Schreibbüro Schneider & Holl

II. Neugier wecken

Sie haben mit Ihrem ersten Brief dem Empfänger zunächst nur klar gemacht, dass Sie seine Probleme kennen (oder ihn vielleicht sogar erst darauf aufmerksam gemacht, dass er welche hat) und dass Sie ein kompetentes Unternehmen sind.

Natürlich können Sie bei den Unternehmen, die Ihnen eine Antwortkarte schicken, den nächsten Schritt überspringen und direkt Ihr Ange-

Tipp

Neugier erzeugen

Mit dem zweiten Schreiben leisten Sie noch ein wenig Überzeugungsarbeit, Sie haben eine weitere Chance, Bedenken zu zerstreuen und Sie vermitteln dem Leser das angenehme Gefühl, dass er nicht gedrängt wird.

bot unterbreiten. Wenn Sie auf diese Antwortmöglichkeit verzichtet haben, ist es aber möglicherweise sehr nützlich, noch diesen Zwischenschritt einzulegen.

Wie machen Sie ihn so neugierig, dass er das eigentliche Angebot gar nicht mehr abwarten kann? Eine Möglichkeit ist, ihm einen zusätzlichen Nutzen zu versprechen. Nach dem Motto: Wir lösen nicht nur dein Problem, sondern wir lösen es sogar noch besser, als du es gekonnt hättest. Das heißt, Sie nehmen seine möglichen Probleme, über die Sie sich vorher Gedanken gemacht haben und erklären ihm, was Sie für ihn tun können. Auch wenn er einige dieser Arbeiten überhaupt nicht zu vergeben hat, wird ihn Ihre Kompetenz beeindrucken.

Kompetenz zeigt sich im Detail

Guten Tag, sehr geehrter Herr Muster!

Vor kurzem haben wir Ihnen unser Schreibbüro Schneider & Holl vorgestellt. Heute möchten wir Ihnen ein wenig mehr darüber sagen, wie wir Sie in Ihrer Arbeit unterstützen können.

Aus unserer langjährigen Erfahrung wissen wir, welche Bedeutung Sorgfalt und Qualitätsstandard bei Dokumentationen haben, die an Kunden gehen. Da sie aber auch viel Zeit innerhalb eines Unternehmens binden, haben wir spezielle Lösungen für solche Aufgaben entwickelt: Sie erhalten auf Wunsch das jeweilige Dokument mit einem Aktualisierungsprogramm. Das heißt, für eine Aktualisierung gehen Sie nur noch direkt zu den jeweils unterschiedlichen Angaben und ändern sie.

Solche Lösungen bieten wir Ihnen natürlich auch gerne für andere Aufgaben an, zum Beispiel für Ihre Standardbriefe, die Sie mit einem ähnlichen Programm variabler einsetzen können.

Sie sehen – Flexibilität wird bei uns großgeschrieben. Denn wir nehmen das Vertrauen, das Sie in uns setzen, sehr ernst!

Ihr Schreibbüro Schneider & Holl

Eine weitere Möglichkeit ist es, den Empfänger mit Ihrer Sorgfalt zu beeindrucken. Das hilft auch, mögliche Bedenken zu überwinden. Außerdem kann es den Empfänger auf den Gedanken bringen, dass Sie sein Unternehmen nicht nur in Spitzenzeiten oder bei Routineaufgaben entlasten, sondern bestimmte Aufgaben womöglich sogar noch besser machen können als seine eigenen Leute. Und diese Möglichkeit macht einen Unternehmer, für den Effizienz etwas ganz Wichtiges ist, auf jeden Fall neugierig!

Kompetenz zeigt sich im Detail

Guten Tag, sehr geehrter Herr Muster!

In unserem ersten Schreiben haben wir Ihnen das neue Schreibbüro Schneider & Holl vorgestellt. Heute möchten wir Ihnen ein wenig mehr darüber sagen, wie wir Sie in Ihrer Arbeit unterstützen können.

Aus unserer langjährigen Erfahrung in verantwortungsvollen Berufen sind wir gewohnt, dass man sich auf unsere Arbeit und Kompetenz verlässt. Sie wissen selbst, wie leicht es passiert, dass sich unter Zeitdruck Fehler einschleichen. Aber gerade bei Dokumenten, die an Kunden gehen, wie Handbücher oder Gebrauchsanweisungen, dürfen solche Fehler einfach nicht passieren. Deshalb wird jeder Auftrag, egal ob Sie ihn uns persönlich, telefonisch oder schriftlich erteilen, ausführlich bestätigt. Diese Auftragsbeschreibung können Sie prüfen und gegebenenfalls korrigieren oder ergänzen. So sind Sie sicher, dass Sie genau das Ergebnis erhalten, das Sie erwarten.

Außerdem gilt bei uns das „Vier-Augen-Prinzip": Jede unserer Arbeiten wird von einer weiteren Person Korrektur gelesen, bevor sie an unsere Kunden geht.

Sie sehen – Zuverlässigkeit wird bei uns großgeschrieben. Denn wir nehmen das Vertrauen, das Sie in uns setzen, sehr ernst!

Ihr Schreibbüro Schneider & Holl

III. Kaufaufforderung

Jetzt geht es zur Sache: Ihr Leser soll „kaufen". Im Fall des Schreibbüros heißt das: einen Auftrag erteilen. Diesen entscheidenden Schritt sollten Sie ihm so leicht wie möglich machen, denn er ist bei einem neuen Unternehmen ein echter Vertrauensvorschuss. Also stellen Sie die entscheidenden Punkte Ihrer Briefe noch einmal kurz heraus und bieten ihm einen möglichst risikolosen Weg an, Ihr Angebot zu testen.

Zudem müssen Sie Ihrem potentiellen Kunden so unangenehme Dinge wie Preise mitteilen. Diese harten Tatsachen des Lebens zerstören oft die schöne Atmosphäre eines Briefes, in dem es nur darum geht, dass Sie gerne einem geplagten Unternehmer helfen möchten … Deshalb die Empfehlung: Legen Sie Preise und natürlich auch Ihre Geschäftsbedingungen separat bei und binden Sie sie nicht etwa direkt in Ihren Brief ein.

Wir beweisen Kompetenz – kostengünstig und zuverlässig

Sehr geehrter Herr Muster,

Sie haben mit unseren beiden vorangegangen Briefen das neue Schreibbüro Schneider & Holl schon etwas näher kennen gelernt.
Sie wissen, dass wir durch unsere berufliche Erfahrung besonderen Wert auf Zuverlässigkeit und Termintreue legen. Außerdem haben wir Ihnen unsere Möglichkeiten, Routinearbeiten und Dokumentationen durch Aktualisierungsprogramme zu erleichtern, vorgestellt.

Doch wir wissen natürlich, dass letztendlich nur die praktische Arbeit wirklich überzeugt. Deshalb bieten wir Ihnen einen Probeauftrag zu besonderen Konditionen an. Aus unserer beiliegenden Preisliste können Sie ersehen, dass Sie je nach Art des Auftrages zwischen einem Seitenpreis und einem Stundenhonorar wählen können. Unser Angebot: Bei Wahl des Seitenpreises berechnen wir Ihnen für Ihren ersten Testauftrag die beiden ersten Seiten überhaupt nicht. Wenn Sie uns also mit einem „kleinen" Auftrag testen möchten, der die zwei Seiten nicht überschreitet, können Sie dies völlig kostenlos tun. Wählen Sie die Abrechnung nach Stunden, erhalten Sie für Ihren Testauftrag einen Nachlass von 10 % auf das Stundenhonorar.

Wir freuen uns darauf, Ihnen unsere Kompetenz und Zuverlässigkeit zu beweisen!

Ihr Schreibbüro Schneider & Holl

Schwierige Situationen meistern

Selbst wenn Sie mit der absolut edlen Absicht in Ihre Selbstständigkeit starten, immer, aber auch wirklich immer nur zum Wohle des Kunden zu handeln, wird Ihnen die eine oder andere Krise in Ihrem Unternehmerleben nicht erspart bleiben. Die erste natürliche Reaktion ist vielleicht, das Ganze möglichst unter den Tisch zu kehren und vor allen Dingen nicht Ihre anderen Kunden z. B. auf Probleme mit Ihren Produkten aufmerksam zu machen. Kurzfristig mag das sogar funktionieren – doch was, wenn nicht?

Schlechte Produktqualität

Nehmen wir einmal ein Problem, dessen Ursache Sie nicht zu verantworten haben: Sie haben einen kleinen Versandhandel für Spielzeug und nun hat der Hersteller Sie informiert, dass eine Puppe, die Sie sehr oft verkauft haben, „möglicherweise nicht ganz ungefährliche" Bestandteile enthält. Sie könnten sich jetzt auf den Standpunkt stellen: „Na, ja, wird schon nicht so schlimm sein" und nichts unternehmen. Zumal der Hersteller keine Bereitschaft zur Rücknahme und damit der Erstattung der Kosten gezeigt hat. In Ihrer Situation können Sie sich die finanziellen Verluste durch eine Rückrufaktion aber nicht leisten.

Zwei Wochen später erscheint in der Zeitschrift „Ökotest" ein großer Bericht über diese Puppe. Das Magazin hat eigene Tests durchgeführt und festgestellt, dass bei der Herstellung giftige Substanzen verwendet wurden. Der Hersteller, befragt von Ökotest, teilt mit, dass er „selbstverständlich alle Kunden informiert hat". Daraufhin steht bei Ihnen das Telefon nicht mehr still. Dutzende ängstlicher und sehr oft auch ärgerlicher Kunden wollen wissen, warum sie nicht informiert wurden oder schicken Ihnen gleich die Puppen zurück.

Heutzutage ist die Wahrscheinlichkeit, dass solche Dinge an die Öffentlichkeit geraten, sehr, sehr hoch. Und das ist gut so, schließlich schützen diese Informationen Menschen. Abgesehen von der ethischen Fragwürdigkeit, diese Tatsache Ihren Kunden vorzuenthalten, hat es Ihnen nur jede Menge Ärger eingebracht. Hätten Sie aktiv agiert, statt nun gezwungen zu sein, hastig zu reagieren, wäre es Ihnen möglich gewesen, sich als verantwortungsvoller Lieferant zu profilieren.

Auch wenn es Ihnen finanzielle Probleme bereitet, womöglich den Kaufpreis für 100 Puppen zurückzuerstatten – bei dieser Sachlage wird offensichtlich früher oder später der Hersteller zahlen müssen. Und die Kosten kommen jetzt, nachdem die Angelegenheit aufgeflogen ist, ohnehin auf Sie zu. Nur verlieren Sie jetzt Ihre Kunden – und das wäre vermeidbar gewesen.

Ein verantwortungsvoller und letztendlich sogar noch werbewirksamer Aktionsplan hätte so aussehen können: Sofort ein Schreiben an alle Käufer der Puppe senden.

Rado-Puppe „Hermine" – Rückrufaktion

Sehr geehrte Frau Maier,

wir haben uns sehr gefreut, dass Sie kürzlich die Baby-Puppe „Hermine" bei uns bestellt haben.

Leider hat uns heute der Hersteller, das renommierte Unternehmen Rado, darüber informiert, dass bei der Produktion möglicherweise Substanzen verwendet wurden, von denen eine Gesundheitsgefährdung ausgehen kann, wenn die Puppe von Kleinkindern in den Mund genommen wird.
Das Unternehmen lässt zur Zeit die Puppe in einem Fachlabor untersuchen, um diesen Verdacht zu prüfen.

Wir möchten Sie zunächst umgehend über dieses mögliche Problem informieren und Sie bitten, vorsorglich die Puppe außer Reichweite von Kleinkindern zu lassen.

Unabhängig von dem Ergebnis bieten wir Ihnen aber an, die Puppe „Hermine" in jedem Fall zurückzunehmen, auch wenn die wissenschaftlichen Untersuchungen des Herstellers ergeben sollten, dass keine gesundheitliche Gefährdung besteht. Denn wir können uns vorstellen, dass Sie gerade bei einem Spielzeug für Kleinkinder kein Risiko eingehen möchten.

Zur Zeit klären wir mit dem Hersteller, wie die Rücknahme abgewickelt werden soll. Bitte behalten Sie die Puppe deshalb vorläufig bei sich, bis wir Ihnen innerhalb der nächsten Tage mitteilen können, wie die Rücknahme erfolgt.

Wir bedanken uns für Ihr Verständnis.

Die in dem Beispiel erklärte Bereitschaft, die Puppe in jedem Fall zurückzunehmen, auch wenn der Hersteller feststellt, dass das Ganze falscher Alarm war, scheint Ihnen womöglich etwas voreilig, angesichts der finanziellen Risiken. Doch letztendlich greift der Vorschlag nur dem vor, was ohnehin passieren wird: Auch wenn zehn Labors die Unbedenklichkeit bescheinigen, niemand wird bereit sein, auch nur das geringste Risiko bei seinem Baby einzugehen.

Sie haben nun ein paar Tage Zeit, um einige Schritte zu unternehmen, die Ihnen einerseits helfen, die finanziellen Folgen aufzufangen und das Ganze vielleicht sogar noch für die eigene Imagepflege zu nutzen.

Ihr nächster Schritt kann z. B. sein, die lokale oder regionale Presse zu informieren. Sie sollten sich dafür aber möglichst das O.K. des Herstellers einholen, um den Inhalt der Pressemitteilung abzusprechen, da es ja auch um sein Image geht.

Die offizielle Begründung für die Mitteilung: Möglicherweise erreichen Sie nicht alle Ihre Kunden, um sie auf die Gefahr aufmerksam zu machen. Zusätzlicher Effekt: Ihre Profilierung als verantwortungsvoller Lieferant – eine gute Werbung!

Dann können Sie die Kostenerstattung klären. Bis die ersten Reaktionen Ihrer Kunden eingehen, wissen Sie, wie der Ablauf sein wird: Sollen die Puppen direkt an den Hersteller geschickt werden, nehmen Sie sie zurück?

Lieferverzögerungen

Wie sieht das Vorgehen aus, wenn Sie das Problem selbst „verschuldet" haben? Angenommen, Sie haben in Ihrem Ein-Personen-Schreibbüro Aufträge von zehn verschiedenen Unternehmen vorliegen. Damit sind Sie für die nächsten vier Wochen ausgebucht. Nun haben Sie sich aber beim Volleyballspielen die Hand verstaucht – ein echtes Problem für jemanden, der mit diesen Händen seinen Lebensunterhalt verdient. Eine Möglichkeit wäre, sich einen Ersatz zu suchen, der in dieser Zeit die Arbeit für Sie erledigt. Sofern Sie aber nicht eine arbeitslose Freundin zur Hand haben, die mal eben ein paar Wochen Zeit für Sie hat, können Sie auch darauf hoffen, die Aufträge „irgendwie doch noch hinzukriegen". Mit dem festen Vorsatz, notfalls Tag und Nacht zu arbeiten, um die verlorene Zeit nach dem Auskurieren Ihrer Verletzung einzuholen.

Doch wenn Sie sich die bisherigen Erfahrungen ansehen, wird Ihnen klar werden, dass das wohl vermutlich nicht funktionieren wird – etwas kommt immer dazwischen. Vielleicht heilt die Hand nicht so schnell, wie Sie sich das vorstellen oder es kommt noch eine dicke Grippe dazu, die es Ihnen schwer macht, überhaupt zu arbeiten, geschweige denn „Tag und Nacht".

Tipp

Offensiv vorgehen

Gehen Sie im Falle von Lieferverzögerungen in die Offensive – sagen Sie Ihren Kunden, was passiert ist. Zielsetzung: Herausfinden, welche Aufträge noch etwas länger liegen bleiben können und für die anderen eine Alternative vorschlagen.

Erkundigen Sie sich nach anderen Schreibbüros, die einspringen können – vielleicht ergibt sich daraus eine Zusammenarbeit, die Ihnen im umgekehrten Fall kurzfristige Aufträge verschafft. Oder der Kunde schätzt Ihre Arbeit so sehr, dass er in diesem Fall die Arbeiten doch in seinem Unternehmen selbst erledigen lässt.

In einer Krisensituation dürfen Sie es natürlich nicht bei einem Schreiben belassen – rufen Sie unbedingt persönlich bei Ihren Auftraggebern an. Das werden Sie vermutlich ohnehin tun müssen, um die Einzelheiten der eigentlichen Auftragsabwicklung zu klären.

Ihr Auftrag vom 10.9.1999 – Handbuch für Drucker „Excelsior"

Guten Tag, Herr Schneider!

Ich habe mich über Ihren Auftrag für das Handbuch Ihres neuen Druckers „Excelsior" sehr gefreut, da es, nach den bisher eher kurzfristigen Arbeiten, ein langfristiges Projekt darstellt. Umso mehr bedaure ich, dass sich nun ein Problem bei dem Liefertermin ergibt. Ich habe mir leider eine ernsthafte Verletzung des Handgelenkes zugezogen, die bedeutet, dass ich für ungefähr zwei Wochen nicht mehr am Computer arbeiten kann.

Ich kann Ihnen zwei Vorschläge für das weitere Vorgehen machen. Wenn der von Ihnen genannte Termin in vier Wochen absolut verbindlich ist, möchte ich Ihnen ein anderes Schreibbüro empfehlen, das den Auftrag kurzfristig übernehmen kann. Ich habe mit Schneider & Holl schon häufiger zusammengearbeitet und kann Ihnen versichern, dass Sie die gleiche hochwertige Qualität erhalten werden, die Sie von mir erwarten können.

Selbstverständlich müssen Sie sich in diesem Fall nicht um die Übergabe kümmern, ich werde alle Einzelheiten Ihres Auftrages mit Schneider & Holl besprechen.

Die andere Alternative, die ich natürlich vorziehen würde, ist eine Terminverschiebung um drei Wochen. Ich werde Ihren Auftrag dann mit Priorität bearbeiten, so dass keine weitere Verzögerungen eintreten.

Ich werde Sie auf jeden Fall am Freitag anrufen, so dass wir das weitere Vorgehen besprechen können.

Besten Dank für Ihr Verständnis!

Kunden bleiben aus

Der Alptraum eines jeden Unternehmers, egal ob jung oder bereits etabliert: Die Kunden bleiben weg! Im Allgemeinen werden Sie die Gründe kennen – ein starker Konkurrent, Qualitätsprobleme Ihres Lieferanten, zu hohe Preise, die Sie aber nicht niedriger kalkulieren können.

Wenn keines dieser Argumente zuzutreffen scheint, werden Sie als vernünftiger Unternehmer tiefer forschen: Wie gehen ich oder meine Mitarbeiter mit den Kunden um? Beraten wir ausführlich, wenn Beratung erforderlich oder gewünscht ist? Halten wir unsere Termine ein? Erfüllen wir die Anforderungen und Erwartungen unserer Kunden? Gehen wir geduldig mit unseren Kunden um, auch wenn sie ständig mit neuen Fragen nerven? Sehen wir Reklamationen als Belästigung an, die wir am liebsten ignorieren möchten oder ist es für uns selbstverständlich, in so einem Fall genauso engagiert für den Kunden zu arbeiten, als wenn wir ihm etwas verkaufen können?

Die Gründe können natürlich noch vielfältiger sein und sind auf jeden Fall von Branche zu Branche verschieden. Die Ursachenforschung ist jedoch sehr wichtig, bevor Sie sich daran machen, Ihre verlorenen Schäfchen wieder zurück zu sich zu treiben. Denn es gibt zwei grundsätzliche Ursachen, warum Ihnen die Kunden abhanden kommen: Entweder gibt es ein oder mehrere Probleme, die Sie lösen müssen, oder Sie sind einfach in Vergessenheit geraten. Das Letztere kann leicht passieren, vor allem, wenn Sie in einer Branche arbeiten, in der Ihre Kunden nicht allzu häufig zu Ihnen kommen. Zum Beispiel ein Möbelhaus – wie oft braucht der Mensch ein Schlafzimmer? Oder Sie sind ein Malerbetrieb – auch tapezieren ist etwas, das man nicht mehrfach im Jahr macht.

> Das beste Mittel gegen das Vergessenwerden ist Werbung. Da diese aber viel Geld kostet, ist ein ebenso gutes Mittel, das kaum etwas kostet, eine gute Alternative: After Sales Service. Das heißt ganz einfach: immer in Kontakt bleiben, den Kunden über aktuelle Angebote informieren, natürlich alle Adress- oder Telefonnummern-Änderungen mitteilen, zu Jahrestagen gratulieren etc. (siehe Kapitel „Einsatzmöglichkeiten der Werbebriefe").

Nun ist es aber passiert – entweder mangels Betreuung oder aus einem der genannten Gründe: Die Kunden bleiben aus. Wenn Sie das zugrunde liegende Problem kennen, müssen Sie es natürlich zuerst lösen, bevor Sie anfangen können, Ihre Kunden zurückzugewinnen. Angenommen, Ihnen ist klar geworden, dass Sie Ihre Kunden mit Problemen und Reklamationen allein gelassen haben.

Auch wenn der Grund in der Arbeitsüberlastung zu sehen ist, und Sie es gerade noch geschafft haben, Ihre Termine einzuhalten und die Aufträge zu erledigen, war alles andere einfach nicht mehr möglich. Leider arbeiten Sie in einer beratungsintensiven Branche, dem Verkauf von Öko-Möbeln. Diese Möbel erfordern einiges an Wissen, das Sie Ihren Kunden vermitteln müssen und zudem gibt es für den Umgang mit den besonderen Materialien auch viele Regeln, die Ihre Kunden nicht auf Anhieb befolgen.

Was ist Ihre Lösung, nachdem Sie das Problem erkannt haben? Das Beste wäre, einen zusätzlichen Mitarbeiter einzustellen, aber das können Sie sich am Anfang Ihrer unternehmerischen Tätigkeit noch nicht leisten. Also nehmen Sie sich am Wochenende Ihr Möbelprogramm vor und stellen sowohl die wichtigsten Informationen über die Besonderheiten dieser Möbel zusammen, als auch die wichtigsten Regeln und Hinweise für den Umgang und die Pflege dieser Möbel. Diese Unterlagen haben Sie selbst gebunden oder binden lassen und nun haben Sie einen nützlichen Ratgeber für Ihre Kunden für wenig Geld zur Verfügung. Natürlich werden immer noch Fragen offen sein, aber die dadurch entstehende Belastung wird erheblich geringer sein.

Beratungs-Service

Wenn Sie in einer beratungsintensiven Branche arbeiten, bieten Sie Ihren Kunden einen besonderen Service an: Telefonische „Fragestunden" oder schriftliche Beratung.

Tipp

Sie werden sich diese Termine freihalten und Ihre Kunden werden das Angebot sicher nutzen, denn so können sie sicher sein, dann wirklich ein offenes Ohr für ihre Fragen und Probleme zu finden.

Und zugleich haben Sie noch ein erstklassiges Werbemittel für Ihren Laden: Beratung ist ein sehr gutes Verkaufsargument. Nutzen Sie Ihren Ratgeber auch für Interessenten, die noch keine Kunden sind, indem Sie zum Beispiel einen Aufkleber in Ihr Schaufenster hängen, mit dem Sie darauf hinweisen, dass dieser Ratgeber bei Ihnen erhältlich ist. Dadurch gewinnen Sie neue Kunden, die eigentlich gerne etwas ökologischer leben wollen, sich aber mangels Wissen nicht in ein Fachgeschäft hineintrauen. Oder auch Menschen, die sich über die vielen Vorteile ökologischer Möbel gar nicht im Klaren waren, zum Beispiel bei Allergien oder Asthma.

Nun können Sie darangehen, Ihre bisherigen Kunden anzuschreiben und ihnen zu zeigen, dass Sie aus Ihren Fehlern gelernt haben und ein sehr service-freudiges Unternehmen geworden sind.

Offen für alle Fragen – das neue Service-Konzept von Möbel-Pelz

Guten Tag, Herr Muster,

Sie haben sich vor einiger Zeit entschieden, Ihre Wohnqualität entscheidend zu verbessern – durch den Kauf ökologisch einwandfreier Möbel. Sicherlich haben Sie inzwischen erlebt, dass diese Entscheidung Ihr Wohlbefinden wirklich positiv beeinflusst hat.

Ich weiß aus der Reaktion vieler Kunden, dass diese Erfahrung sehr oft zu neuen Fragen führt. Auch entsteht der Wunsch, durch den richtigen Umgang mit den Möbeln, vor allem auch bei der Pflege, die Lebensdauer und die Freude daran zu erhöhen.

Dieses Interesse ist natürlich ganz im Sinne unseres Anliegens, Ihnen nicht einfach ein Möbelstück zu verkaufen, sondern damit Ihre Lebensqualität zu verbessern und einen aktiven Beitrag zum Schutz unserer Umwelt zu leisten. Deshalb haben wir ein neues Service-Konzept für Sie entwickelt: Zum einen können Sie ab sofort bei uns kostenlos den Ratgeber „Ökologisch wohnen – Lebensqualität aus der Natur" erhalten. Hier finden Sie Antworten und Informationen rund um die von uns angebotenen Möbel, deren Herkunft und Tipps zur Pflege. Ich habe diesen Ratgeber aus den zahlreichen Fragen entwickelt, die mir unsere Kunden immer wieder gestellt haben. Wenn Sie ganz konkret Ratschläge und Informationen zu individuellen Fragen erhalten möchten, stehe ich Ihnen jeweils Montags und Donnerstags von 19–20 Uhr an unserem Service-Telefon unter der Nummer (0 12 34) 56 78 zur Verfügung.

Nutzen Sie dieses neue Service-Konzept von Möbel-Pelz! Für mehr Lebensqualität bei Ihnen zu Hause und zum Schutz unserer Natur.

Mit freundlichen Grüßen

Öffentlich bekannt werden

Fragen Sie sich, warum Sie sich bei Ihrer Unternehmensgröße – 1 $\frac{1}{2}$ Personen auf 20 m^2 Ladenfläche – überhaupt mit Öffentlichkeitsarbeit beschäftigen sollen? Zugegeben: Sie werden sich in den kommenden Jahren vermutlich nicht mit der Organisation von Pressekonferenzen im Hilton beschäftigen müssen. Aber praktisch für jede Art von Unternehmen gibt es Chancen, mit einer positiven Meldung in der Zeitung zu erscheinen. Das wird zwar kaum den Unterschied zwischen Erfolg oder Misserfolg Ihres Geschäftes ausmachen. Doch das Schöne an der Öffentlichkeitsarbeit ist, dass sie praktisch kostenlos ist. Es geht nur um das Schreiben und Verschicken eines guten Textes. Und für diejenigen Ihrer potentiellen Kunden, die eine Meldung über Ihr Unternehmen in der Zeitung lesen, ist das ein kleiner Ansporn, sich für Ihr Angebot zu interessieren. Man hat den Namen schon mal gehört oder auf diese Weise überhaupt erst erfahren, dass Sie existieren.

Nachrichten erfinden

Wenn Sie erst einmal der Industriegigant mit 50.000 Mitarbeitern sind, können Sie vermutlich auch mit einer Nachricht über den Wechsel Ihres Toilettenpapierlieferanten in die Zeitung kommen. Doch bis dahin dauert es noch ein paar Jahre oder Generationen und deshalb ist die Aufgabe, eine Information mit Nachrichtenwert zu finden, etwas schwieriger.

Ein Anlass ist auf jeden Fall Ihre Geschäftseröffnung. Wenn Sie das erste Geschäft oder Unternehmen Ihrer Art in Ihrer Stadt sind, ist das schon ein gewisser Nachrichtenwert. Sind Sie das zehnte, müssen Sie eine Besonderheit in den Vordergrund stellen, die Ihre Konkurrenten nicht haben – das kennen Sie ja schon als Technik bei den Werbebriefen.

Nachrichten, keine Werbung

Bitte denken Sie beim Verfassen Ihrer Meldung daran, dass es sich in diesem Fall nicht um Werbung handelt – Ihr Text soll natürlich positiv, aber neutral in der Wortwahl sein. Machen Sie sich klar, dass bei der Veröffentlichung die Zeitung sozusagen der Absender dieser Meldung ist. Deshalb gehören übertriebene Bewertungen wie „einmaliges Angebot" sicher nicht in solch eine Nachricht.

Tipp

Der „Tag der offenen Tür" ist eine gerne gewählte Möglichkeit, Publikum für ein Unternehmen zu interessieren. Leider gibt es ungefähr zwanzig Unternehmen in Ihrer Stadt, die das im Laufe eines Monates tun. Deshalb hält sich der Nachrichtenwert in Grenzen. Haben Sie dabei aber in Ihrem Sonnenstudio einen Hautarzt zu Gast, der einen Vortrag über das nahe liegende Thema „Nutzen und Risiken der künstlichen Sonne" hält, sieht die Sache schon anders aus. Neben der Pressemeldung sollten Sie diese Veranstaltung Ihren bisherigen Kunden in einem Brief ankündigen. So verbindet sich der Werbebrief perfekt mit der Öffentlichkeitsarbeit.

Ein guter Anlass für Öffentlichkeitsarbeit per Werbebrief und Zeitungsmeldung sind positive Testberichte über Produkte, die Sie verkaufen. Stellen Sie deshalb sicher, dass Sie vom Hersteller immer über solche Bewertungen informiert werden. Und da nichts so veraltet ist wie die Nachricht von gestern, sollten Sie dann schnell reagieren und einen Brief an Ihre tatsächlichen oder potentiellen Kunden senden. Ja – beziehen Sie auch die Kunden mit ein, die das Produkt bereits gekauft haben. Es bestärkt sie in der Überzeugung, die richtige Entscheidung getroffen zu haben, und in ihrem Vertrauen in Ihre Kompetenz.

Schreibtischstuhl „Comfort" Testsieger

Guten Tag, sehr geehrte Frau Schneider-Horn,

vor kurzem haben Sie bei uns den Schreibtischstuhl „Comfort" von Vitra gekauft. Wir sind sicher, dass sich die Vorzüge dieses Stuhles – individuelle Einstellung von sechs verschiedenen Variablen, pflegeleichter Bezug und die besonders leichtgängigen Rollen – in Ihrem Büroalltag bestens bewährt haben.

Die hohe Qualität von „Comfort" wurde jetzt auch durch die Stiftung Warentest bestätigt: Im Februar testete das Institut 22 Schreibtischstühle und der „Comfort" wurde Testsieger in der Kategorie „Stühle unter 1000 DM". Den ausführlichen Testbericht legen wir Ihnen als Sonderdruck bei.

Wir freuen uns, dass unsere Empfehlung nun nochmals von neutraler Seite bestätigt wurde und wünschen Ihnen weiterhin komfortables Arbeiten mit „Comfort"!

Ihr Möbelhaus Rieger

Schlechte Presse bewältigen

Grundsätzlich sind Werbebriefe an potentielle Kunden und Öffentlichkeitsarbeit zwei völlig unterschiedliche Dinge. Oder vielleicht doch nicht? Manchmal kann ein richtiger Werbebrief Ihre Rettung sein – zum Beispiel, wenn Sie eine schlechte Presse hatten (Kapitel „Schwierige Situationen meistern").

Eine andere Situation sind negative Testberichte. So ziemlich jedes Produkt wird heute mehr oder weniger sorgfältig von der Stiftung Warentest oder den vielen Fachzeitschriften getestet. Für Käufer, die sich mit einem Produkt nicht gut oder vielleicht gar nicht auskennen, sind diese Testberichte oft kaufentscheidend. Doch auch Kunden, die das Produkt bereits bei Ihnen gekauft haben und solche Berichte lesen, werden verunsichert. Wenn Sie diese Kunden für künftige Aufträge behalten wollen, sollten Sie reagieren.

Der Hersteller des kritisierten Produktes sollte Ihr erster Ansprechpartner sein, denn er wird den Testbericht auch analysiert haben. Oft stellt sich heraus, dass bestimmte Bedingungen des Testes nicht realistisch waren oder ältere Produkte getestet wurden, deren Mängel in der Nachfolgegeneration bereits beseitigt sind.

Selbst testen

Wann immer es möglich ist, testen Sie neue Produkte selbst. Fragen Sie nach Schadstofftests beim Hersteller und achten Sie auf Gütesiegel. **Tipp**

Das sind dann sehr gute Argumente für einen Brief an Ihre Kunden. Wenn Sie beispielsweise die Alleinvertretung für dieses Produkt in Ihrer Stadt oder Region haben, können Sie parallel dazu auch eine Presseinformation an die entsprechenden Zeitungen schicken.

Die schwierigste Situation ist sicherlich, wenn das Produkt tatsächlich qualitativ miserabel ist und Sie es nicht gewusst haben. Ihre Kunden werden dann zu Recht an Ihrer Kompetenz zweifeln – und auch Sie sollten sich fragen, wie das passieren konnte. Gibt es irgendeinen Grund, der sich Ihren Kunden verkaufen lässt, sollten Sie aktiv werden. Der Inhalt wird dann immer sein: „Ja, leider ist das passiert, aber wir haben auf die folgende Art dafür gesorgt, dass es nicht wieder vorkommt …"

Ansonsten können Sie sich nur überlegen, wie Sie mit den Reklamationen umgehen, um den Schaden zu begrenzen. Und sich für die Zukunft vornehmen, bei der Auswahl Ihres Angebotes mehr Sorgfalt walten zu lassen.

Werbebriefe: Das Wichtigste in Kürze

1. Nutzen Sie Werbebriefe zur Kundenpflege.
2. Regelmäßige Informationen über neue Produkte, Sonderaktionen, Serviceangebote oder Preisänderungen helfen ebenso, den Kontakt zu halten, wie interessante Informationen aus Ihrer Branche.
3. Nutzen Sie persönliche Informationen über Ihre Kunden, wie Geburtstage für schriftliche Grüße als Zeichen der Aufmerksamkeit.
4. Informieren Sie Ihren Kunden möglichst rechtzeitig über ernsthafte oder gar gefährliche qualitative Probleme bei Ihren Produkten.

5. Wenn Sie solche Krisen zu bewältigen haben, legen Sie sich ein komplettes Konzept zurecht, wie Sie mit Reklamationen, Rücknahmen und Anfragen umgehen, bevor Sie handeln.

6. Wo immer es möglich ist, nutzen Sie Krisen positiv, indem Sie Ihre Kundenfreundlichkeit unter Beweis stellen.

7. Wenn Sie Krisen durch schlechte Leistung selbst verursacht haben, stellen Sie sicher, dass die Ursache beseitigt wird, bevor Sie versuchen, Ihre Kunden zurückzugewinnen.

8. Definieren Sie Ihre Zielgruppe sehr sorgfältig, um sie zielgerichtet „umwerben" zu können.

9. Nutzen Sie das Reservoir an „alten" Kunden. Sie sind leichter zu aktivieren als neue Kunden, die Sie nicht kennen.

10. Pflegen Sie Ihre Kundendaten und aktualisieren Sie diese regelmäßig. Nur so lassen sie sich sinnvoll einsetzen.

11. Fallen Sie beim direkten Verkauf per Brief nicht mit der Tür ins Haus – stellen Sie erst einen schriftlichen Kontakt her, bevor Sie Ihr eigentliches Angebot machen.

Einfach praktisch – Der Computer als Helfer

Sie werden als Jungunternehmer kaum Ihr Vorhaben starten, ohne sich einen Computer anzuschaffen bzw. ihn bereits zu haben. Je besser Sie damit umgehen können, umso mehr Arbeit wird er Ihnen abnehmen. Gerade der gezielte und häufige Einsatz von Werbebriefen ist ohne Computer kaum denkbar. Eine der wichtigsten Hilfen ist dabei die Kombination von Adressdateien mit Briefen, aus der dann der praktische Serienbrief entsteht.

Adressdateien – Ihre Erfolgsgrundlage

Haben Sie auch noch einen grünen Karteikasten aus Plastik, in dem sich Dutzende von linierten Karteikarten mit mehrfach durchgestrichenen oder verbesserten Eintragungen befinden? Ein über die Jahre immer aussichtsloser gewordener Versuch, der wachsenden Zahl von Adressen aus dem privaten und beruflichen Bereich Herr zu werden. Klar – irgendwann werden Sie sich hinsetzen und das Ganze neu ordnen, Überflüssiges aussortieren und alle Adressen auf ihre Aktualität überprüfen – irgendwann …

„Irgendwann" ist meistens das Gleiche wie niemals. Wenn erst einmal das Chaos in Ihre „Adressdatei" eingezogen ist, lässt es sich nur schwer vertreiben.

Sie werden mehrere Arten von Adressen haben und einsetzen, z. B.:

- potentielle Kunden
- Interessenten
- Kunden (aktive und alte)
- Presse
- Lieferanten

Aufbau von Adressen

Bauen Sie Ihre Adressdatei von Anfang an elektronisch auf – in einer Excel-Datei, denn dann können Sie die Datei bzw. die Dateien problemlos für Serienbriefe verwenden. **Tipp**

Sie können all diese Adressen in einer Datei anlegen und sich eine Kennzeichnung für die Selektierung überlegen. Vermutlich wird es aber sinnvoller sein, die Dateien nach ihrem Zweck getrennt anzulegen.

Dann lassen sich einzelne Adressen leichter finden und die Datei bleibt überschaubar. Außerdem können sich die notwendigen Angaben in den verschiedenen Dateien unterscheiden.

Für alle Dateien gilt, dass Sie neben den Angaben, die Sie für einen Brief benötigen, zusätzliche Informationen speichern sollten. Das hängt natürlich von Ihrem Unternehmen ab und kann vom Geburtsdatum Ihres Ansprechpartners, seinen Vorlieben und Hobbys bis zu Details der jeweiligen Aufträge gehen. Diese Information können Sie dann für Ihre verschiedenen Direktmarketing-Aktionen zur Kundenpflege nutzen:

Das Geburtsdatum für einen entsprechenden Glückwunsch, die Informationen über die Interessen Ihres Kunden, wenn Sie einen Anlass für die neutrale Kundenpflege suchen und ihm Informationen zu einem interessanten Thema schicken möchten (z. B. eine Spielesoftware für den Golf-Fan).

> Die Informationen über die Aufträge des Kunden können Ihnen einen schnellen Überblick geben, in welche Werbebriefaktionen Sie ihn mit einbeziehen und kann ein Selektionsmerkmal sein (siehe Kapitel „Mit Serienbriefen zum Erfolg").

Adressdateien sinnvoll aufbauen

Bei dem Thema Serienbrief werden Sie erfahren, wie Sie die verschiedenen Adressmerkmale einsetzen, um Ihre Briefe mit möglichst geringem Aufwand zu schreiben. Das heißt, der Brief sollte möglichst wenige Variablen beinhalten. Ihre Adressdatei wird deshalb Vorname und Nachname trennen sowie ein separates Feld für die Anrede Herrn oder Frau haben.

Grundsätzliche Bestandteile sind:

Firma 1
Firma 2
Herrn/Frau Vorname Nachname
Straße, Hausnummer
Postleitzahl, Ort
Telefaxnummer

Adressdatei Seite 463.xls

	A	B	C	D	E	F	G	H	I	J
1	Firma 1	Firma 2	Anrede	HerrFrau	Vorname	Name	StraßeNr.	PLZ	Ort	Fax
2	Siebert KG		r	Herr	Walter	Keim	Neumarkt 1	40567	Hamburg	(0 40) 23 45 69
3	Elbe-Bau GmbH	Inh. R. Müller	r	Herr	Klaus	Siebert	Salbeistraße 5	40122	Hamburg	(0 40) 23 55 66
4	Rupold & Partner	Werbeagentur		Frau	Magda	Meier	Canisiusstraße 223	40333	Hamburg	(0 40) 71 55 45
5	Kleinpetz	Möbelhaus		Frau	Sabine	Kunze	Rotdammallee 11	41444	Hamburg	(0 40) 23 45 67
6	Clavigo GmbH	Musikinstrumente	r	Herr	Hans-Peter	Niesen	Ballplatz	40002	Hamburg	(0 40) 36 58 88
7	Kornberg & Nitsch			Frau	Silvia	Kornberg	Opernplatz 2	40998	Hamburg	(0 40) 23 44 45
8	Reifenhaus	Klugge	r	Herr	Kurt	Klugge	Industriestraße 2	40566	Hamburg	(0 40) 35 55 55
9	Mazedow & Mazedow	Rechtsanwälte	r	Herr	Stefan	Mazedow	Botterstraße 34	40056	Hamburg	(0 40) 34 55 67
10										
11										
12										
13										

Adressdatei Seite 463.xls

Abb.: Adressdatei

Firma 1 und Firma 2: Für den Fall, dass der Firmenname zu lang ist, um in eine Adresszeile zu passen, müssen Sie eine zweite Zeile vorsehen. Moderne Textverarbeitungsprogramme lassen keine Leerzeile mehr, falls keine Angaben in der zweiten „Firma"-Zeile steht.

Postleitzahl, Ort: Diese beiden Angaben sollten Sie in getrennten Feldern speichern, damit Sie die Adressen nach Postleitzahlen selektieren können. Das kann zum Beispiel bei regionalen Angeboten wichtig sein, aber auch für Postwurfsendungen.

Wenn Sie auf eine genügend große Stückzahl an Briefen pro Zustellbezirk kommen, wird das Porto geringer. Dafür müssen Sie die Briefe aber entsprechend sortiert zur Post bringen, deshalb ist der Ausdruck nach Postleitzahlen geordnet sehr nützlich.

Telefaxnummer: Haben Sie bereits für Ihr Unternehmen ein Faxgerät angeschafft und setzen es sehr häufig für Briefe an Ihre Kunden ein? Denken Sie aber auch daran, dass Sie Werbebriefe grundsätzlich nicht per Fax verschicken sollten, weil sie optisch in schlechter Qualität ankommen. Manchmal werden Sie aber genau diesen Weg wählen, weil Sie eine wichtige Information schnell verbreiten müssen, beispielsweise beim Einsatz von Werbebriefen zur Krisenbewältigung.

Mit Serienbriefen zum Erfolg

Das heißt ganz einfach, dass Sie den gleichen Brief an viele Leute schicken können. Sie setzen dazu nur einmal einen Brieftext auf und bauen mit Hilfe des Serienbriefprogrammes Variablen ein. Dazu gehören

natürlich die Adresse und der Ansprechpartner, aber Sie können auch
beliebig viele andere Variable einsetzen. Die einzelnen Textverarbeitungsprogramme werden sich in dieser Funktion ein wenig unterscheiden, doch das folgende Beispiel für Office 97 zeigt das Prinzip.

Beispiel
Als Anlass nehmen wir die Eröffnung einer Kfz-Werkstatt, die sich auch als Dienstleister
für Unternehmen etablieren will, weil das regelmäßig Aufträge sichern würde. Ansprech-
partner sind deshalb die Unternehmen in der Stadt. Die Adressen haben Sie sich von der
IHK beschafft, die Ansprechpartner, die für den Fuhrpark zuständig sind, durch Anrufe bei
den Telefonzentralen der jeweiligen Unternehmen erfahren bzw. dort ermittelt, ob das
Unternehmen überhaupt Firmenfahrzeuge hat.

Entwerfen Sie den Text

Machen Sie sich beim Texten Ihres Werbebriefe zunächst keine Gedanken über seine künftige Funktion als Serienbrief – schreiben Sie ihn im
ganz normalen Format Ihres Briefbogens.

Perfekter Kfz-Service, wann immer SIE wollen!

Guten Tag, sehr geehrter Herr Müller!

die Firmenfahrzeuge Ihres Unternehmens stellen eine beachtliche Investition dar –
und sie sind wichtig, um die reibungslose Arbeit Ihrer Mitarbeiter zu gewährleisten.
Umso entscheidender ist es, dass Ihre Fahrzeuge jederzeit einsatzbereit sind.

Leider treten Pannen nicht immer während der normalen Geschäftszeiten einer
Kfz-Werkstatt auf. Trotzdem ist jetzt schnelle Abhilfe gefragt.

Wir kennen dieses Problem aus unserer jahrelangen Arbeit für verschiedene Unternehmen. Deshalb bietet Ihnen die neue Kfz-Werkstatt GO! einen Bereitschaftsdienst an: Im Notfall können Sie uns auch zwischen 18 Uhr und 21 Uhr erreichen.
Je nach Art des Problems kommt unser Mitarbeiter zur Pannenhilfe vor Ort oder
er erwartet Ihre Mitarbeiter in unserer Werkstatt. Wenn Sie es wünschen, ist Ihr
Fahrzeug am nächsten Morgen wieder einsatzbereit. Falls eine kurzfristige Reparatur nicht möglich ist, haben Sie immer ein Reservefahrzeug zur Verfügung.

Dies ist nur ein Teil des Services, den wir Ihnen anbieten können. Nähere Informationen über unser Angebot und die Konditionen möchten wir Ihnen gerne in einem persönlichen Gespräch geben.

Rufen Sie an und vereinbaren Sie einen Termin mit uns – Sie werden überrascht sein, wie umfangreich und praktisch der Service von GO! für Sie ist!

Einen schönen Tag wünscht Ihnen

GO! Der Kfz-Service, der weiß, worauf es ankommt.

Definieren Sie die Variablen

Die Variablen sind die Adressen und Ihre Ansprechpartner. Sie können aber auch Ihr Angebot variabel machen. Wenn Sie sich zum Beispiel entscheiden, für kleinere Unternehmen ein weniger umfangreiches Angebot zu machen oder es für die großen Unternehmen kostenlos zu offerieren, für die kleinen aber mit einer Gebühr zu verbinden (oder umgekehrt). Den Inhalt dieser Variablen nehmen Sie in Ihre Adressdatei mit auf.

Adressdatei Seite 465.xls

	A	B	C	D	E	F	G	H	I	J	K
1	Firma 1	Firma 2	Anrede	HerrFrau	Vorname	Name	StraßeNr.	PLZ	Ort	Fax	Angebot
2	Siebert KG		r	Herr	Walter	Keim	Neumarkt 1	40567	Hamburg	(0 40) 23 45 69	selbstverständlich kostenlos
3	Elbe-Bau GmbH	Inh. R. Müller	r	Herr	Klaus	Siebert	Salbeistraße 5	40122	Hamburg	(0 40) 23 55 66	selbstverständlich kostenlos
4	Rupold & Partner	Werbeagentur		Frau	Magda	Meier	Canisiusstraße 223	40333	Hamburg	(0 40) 71 55 45	gegen eine geringe Pauschale
5	Kleinpetz	Möbelhaus		Frau	Sabine	Kunze	Rotdammallee 11	41444	Hamburg	(0 40) 23 45 67	gegen eine geringe Pauschale
6	Clavigo GmbH	Musikinstrumente	r	Herr	Hans-Peter	Niesen	Ballplatz	40002	Hamburg	(0 40) 36 58 88	gegen eine geringe Pauschale
7	Kornberg & Nitsch			Frau	Silvia	Kornberg	Opernplatz 2	40998	Hamburg	(0 40) 23 44 45	selbstverständlich kostenlos
8	Reifenhaus	Klugge	r	Herr	Kurt	Klugge	Industriestraße 2	40566	Hamburg	(0 40) 35 55 55	selbstverständlich kostenlos
9	Mazedow & Mazedow	Rechtsanwälte	r	Herr	Stefan	Mazedow	Botterstraße 34	40056	Hamburg	(0 40) 34 55 67	gegen eine geringe Pauschale
10											
11											
12											
13											
14											
15											
16											
17											
18											
19											
20											

Adressdatei Seite 465.xls

Abb.: Adressdatei

Je nach den Angaben druckt Ihnen der Serienbrief die Varianten aus – theoretisch können Sie sogar für jeden einzelnen Kunden ein unterschiedliches Angebot machen. Das Einzige, worauf Sie achten müssen, ist die entsprechende Formulierung des Ursprungstextes, der diese Variationen zulässt.

«Firma_1»

«Firma_2»

«HerrFrau» «Vorname» «Name»

«StraßeNr»

«PLZ» «Ort»

22. September 1999

Perfekter Kfz-Service, wann immer Sie wollen!

Guten Tag, sehr geehrte «Anrede» «HerrFrau» «Name»!

die Firmenfahrzeuge Ihres Unternehmens stellen eine beachtliche Investition dar – und sie sind wichtig, um die reibungslose Arbeit Ihrer Mitarbeiter zu gewährleisten. Umso entscheidender ist es, dass Ihre Fahrzeuge jederzeit einsatzbereit sind.

Leider treten Pannen nicht immer während der normalen Geschäftszeiten einer Kfz-Werkstatt auf. Trotzdem ist jetzt schnelle Abhilfe gefragt.

Wir kennen dieses Problem aus unserer jahrelangen Arbeit für verschiedene Unternehmen. Deshalb bietet Ihnen die neue Kfz-Werkstatt GO! einen Bereitschaftsdienst an – **«Angebot»**: Im Notfall können Sie uns auch zwischen 18 Uhr und 21 Uhr erreichen. Je nach Art des Problems kommt unser Mitarbeiter zur Pannenhilfe vor Ort oder erwartet Ihre Mitarbeiter in unserer Werkstatt. Wenn Sie es wünschen, ist Ihr Fahrzeug am nächsten Morgen wieder einsatzbereit. Falls eine kurzfristige Reparatur nicht möglich ist, haben Sie immer ein Reservefahrzeug zur Verfügung.

Dies ist nur ein Teil des Services, den wir Ihnen anbieten können. Nähere Informationen über unser Angebot und die Konditionen möchten wir Ihnen gerne in einem persönlichen Gespräch geben.

Rufen Sie an und vereinbaren Sie einen Termin mit uns – Sie werden überrascht sein, wie umfangreich und praktisch der Service von GO! für Sie ist!

Einen schönen Tag wünscht Ihnen

GO! Der Kfz-Service, der weiß, worauf es ankommt.

Siebert KG
Herrn Walter Klein
Neumarkt 1

40567 Hamburg

22. September 1999

Perfekter Kfz-Service, wann immer Sie wollen!

Guten Tag, sehr geehrter Herr Klein!

die Firmenfahrzeuge Ihres Unternehmens stellen eine beachtliche Investition dar – und sie sind wichtig, um die reibungslose Arbeit Ihrer Mitarbeiter zu gewährleisten. Umso entscheidender ist es, dass Ihre Fahrzeuge jederzeit einsatzbereit sind.

Leider treten Pannen nicht immer während der normalen Geschäftszeiten einer Kfz-Werkstatt auf. Trotzdem ist jetzt schnelle Abhilfe gefragt.

Wir kennen dieses Problem aus unserer jahrelangen Arbeit für verschiedene Unternehmen. Deshalb bietet Ihnen die neue Kfz-Werkstatt GO! einen Bereitschaftsdienst an – **selbstverständlich kostenlos**: Im Notfall können Sie uns auch zwischen 18 Uhr und 21 Uhr erreichen. Je nach Art des Problems kommt unser Mitarbeiter zur Pannenhilfe vor Ort oder erwartet Ihre Mitarbeiter in unserer Werkstatt. Wenn Sie es wünschen, ist Ihr Fahrzeug am nächsten Morgen wieder einsatzbereit. Falls eine kurzfristige Reparatur nicht möglich ist, haben Sie immer ein Reservefahrzeug zur Verfügung.

Dies ist nur ein Teil des Services, den wir Ihnen anbieten können. Nähere Informationen über unser Angebot und die Konditionen möchten wir Ihnen gerne in einem persönlichen Gespräch geben.

Rufen Sie an und vereinbaren Sie einen Termin mit uns – Sie werden überrascht sein, wie umfangreich und praktisch der Service von GO! für Sie ist!

Einen schönen Tag wünscht Ihnen

GO! Der Kfz-Service, der weiß, worauf es ankommt.

Rupold & Partner
Werbeagentur
Frau Magda Meier
Canisiusstraße 223

40333 Hamburg

22. September 1999

Perfekter Kfz-Service, wann immer Sie wollen!

Guten Tag, sehr geehrte Frau Meier!

die Firmenfahrzeuge Ihres Unternehmens stellen eine beachtliche Investition dar – und sie sind wichtig, um die reibungslose Arbeit Ihrer Mitarbeiter zu gewährleisten. Umso entscheidender ist es, dass Ihre Fahrzeuge jederzeit einsatzbereit sind.

Leider treten Pannen nicht immer während der normalen Geschäftszeiten einer Kfz-Werkstatt auf. Trotzdem ist jetzt schnelle Abhilfe gefragt.

Wir kennen dieses Problem aus unserer jahrelangen Arbeit für verschiedene Unternehmen. Deshalb bietet Ihnen die neue Kfz-Werkstatt GO! einen Bereitschaftsdienst an – **gegen eine geringe Pauschale**: Im Notfall können Sie uns auch zwischen 18 Uhr und 21 Uhr erreichen. Je nach Art des Problems kommt unser Mitarbeiter zur Pannenhilfe vor Ort oder erwartet Ihre Mitarbeiter in unserer Werkstatt. Wenn Sie es wünschen, ist Ihr Fahrzeug am nächsten Morgen wieder einsatzbereit. Falls eine kurzfristige Reparatur nicht möglich ist, haben Sie immer ein Reservefahrzeug zur Verfügung.

Dies ist nur ein Teil des Services, den wir Ihnen anbieten können. Nähere Informationen über unser Angebot und die Konditionen möchten wir Ihnen gerne in einem persönlichen Gespräch geben.

Rufen Sie an und vereinbaren Sie einen Termin mit uns – Sie werden überrascht sein, wie umfangreich und praktisch der Service von GO! für Sie ist!

Einen schönen Tag wünscht Ihnen

GO! Der Kfz-Service, der weiß, worauf es ankommt.

Der Computer als Helfer: Das Wichtigste in Kürze

1. Sammeln Sie Ihre Kundendaten in einer systematischen Adressdatei in Ihrem Computer.
2. Aktualisieren Sie diese Adressdatei ständig.
3. Setzen Sie Serienbriefe ein, wenn Sie ähnliche Informationen oder Angebote an Ihre Kunden schicken wollen.
4. Bevor Sie Serienbriefe mittels der Adressdatei verschicken, vergewissern Sie sich, dass wirklich alle Daten aktuell sind.
5. Gestalten Sie Ihre Serienbriefe so, dass mit geringfügigen Änderungen möglichst alle Kunden angesprochen werden können.
6. Bauen Sie die individuellen Unterschiede als Variablen in den Serienbrief ein.
7. Vergleichen Sie alle Briefe mit Ihrer Adressdatei, um Fehler beim Einsetzen der Variablen zu vermeiden.

Vorbereitung ist alles: Checklisten für die Planung

Der Einsatz von Direktmarketing-Maßnahmen sollte von Anfang an ein ständiger Bestandteil Ihrer geschäftlichen Aktivitäten sein. Dies schließt zum einen das Bewusstsein ein, dass jeder Brief ein Teil dieses Direktmarketings ist, zum anderen die Tatsache, dass Direktmarketing die preiswerteste und oft auch Erfolg versprechendste Art der Werbung für ein junges Unternehmen ist.

Sie werden die Idee der Nutzung von Checklisten vermutlich mit einiger Skepsis betrachten. Checklisten klingen nach Routine, nach fehlender Individualität und Flexibilität – den ewigen Feinden der Kreativität. Diese Checklisten sind jedoch nur als Anregung gedacht, als Idee, mit der Sie nach Bedarf arbeiten können und Sie helfen Ihnen, den Überblick über Ihre Direktmarketing-Aktion zu behalten.

Ihre Zielgruppe im Visier: Kundenprofil

Einer Ihrer ersten Schritte sollte es sein, sich über Ihre potentiellen Kunden klar zu werden, sozusagen ein Profil Ihres „Traumkunden" zu erstellen. Nutzen Sie dabei die folgende Checkliste als Hilfe:

Checkliste Kundenprofil

1. In welchem geographischen Raum bieten Sie Ihr Produkt/Ihre Dienstleistung an?

   a) bundesweit ❐

   b) Region (z. B. Rhein-Main-Gebiet) ❐

   c) Stadt ❐

d) unmittelbare Nachbarschaft ❒

e) .... ❒

2. An welche Zielgruppe richtet sich Ihr Angebot?

a) Alle Menschen ❒

b) Männer ❒

c) Frauen ❒

d) bestimmte Interessengruppen (z. B. Heimwerker,
Computerinteressierte) ❒

e) Bestimmte Unternehmen/Branchen ❒

f) .... ❒

3. Wie alt sind Ihre potentiellen Kunden vermutlich?

a) keine Altersbeschränkung ❒

b) Alle Erwachsenen ❒

c) Alle Kinder ab Alter____ / bis Alter____ ❒

d) .... ❒

4. Welchen Bildungshintergrund haben Ihre Kunden?

a) keine besonderen Anforderungen ❒

b) Akademiker ❐

c) eher Ungebildete ❐

d) .... ❐

5. Zu welcher Berufsgruppe gehören Ihre Kunden?

  a) keine besonderen Anforderungen ❐

  b) Studenten ❐

  c) Schüler ❐

  d) Handwerker ❐

  e) Selbstständige ❐

  f) Akademiker ❐

  g) Freiberufler ❐

  h) Künstler ❐

  i) .... ❐

Chancen planen: Aktionsziele

Wenn Sie wissen, an wen sich Ihre Angebote richten, ist der nächste Schritt zu entscheiden, wo und welche Direktmarketing-Mittel Sie einsetzen möchten. Wollen Sie sich, vielleicht aus Zeitgründen, nur auf die „echten" Werbebrief-Aktionen beschränken? Oder nutzen Sie die Chancen der vollen Bandbreite aller Werbeprogramme?

Checkliste Aktionsziele

1. Wo wollen Sie Direktmarketing-Aktivitäten einsetzen?

   a) Geschäftskorrespondenz unter Direktmarketing-
      Aspekten aufbauen ❐

   b) Gezielte Werbebriefaktionen zur Kundenpflege ❐

   c) Werbebriefaktionen zur Neukundengewinnung ❐

   d) Werbebriefaktionen zur Aktivierung alter Kunden ❐

   e) Direkter Verkauf ❐

   f) Öffentlichkeitsarbeit ❐

   g) Krisenbewältigung ❐

   h) .... ❐

2. Welche Bestandteile Ihrer Geschäftskorrespondenz möchten Sie
   unter Direktmarketing-Aspekten aufbauen?

   a) Allgemeiner Schriftverkehr ❐

   b) Antworten auf Anfragen ❐

   c) Angebote ❐

   d) Rechnungen ❐

   e) Mahnungen ❐

   f) Behandlung von Reklamationen ❐

   g) .... ❐

Erfolg im Detail: Geschäftskorrespondenz

Sie haben sich entschieden, Ihre gesamte oder einen Teil Ihrer Geschäftskorrespondenz unter Direktmarketing-Aspekten aufzubauen. Im nächsten Schritt legen Sie fest, welchen Teil dieser Korrespondenz dies betreffen soll.

Checkliste Geschäftskorrespondenz

1. Welchen Teil Ihrer jeweiligen Briefe möchten Sie unter Direktmarketing-Aspekten planen?

   a) Optische Gestaltung des Briefes ❏

   b) Einheitliche Gestaltung der Absenderangabe ❏

   c) Einheitliche Anrede ❏

   d) Einheitliche Grußformel ❏

   e) Textbausteine zur Behandlung verschiedener Themen ❏

   f) .... ❏

2. Welche Mittel möchten Sie dazu einsetzen?

   a) Beauftragen eines Grafikers mit der Briefbogengestaltung ❏

   b) Formulierung von Gestaltungsrichtlinien für die Korrespondenz ❏

c) Festlegung der Anrede ☐

d) Festlegung der Grußformel ☐

e) Speicherung kompletter Briefe für verschiedene
Situationen ☐

f) .... ☐

Ziele definieren: Einsatz von Werbebriefen

Bevor Sie auch nur eine Zeile für Ihren Werbebrief schreiben, sollten Sie genau wissen, was Sie erreichen wollen und was Sie anzubieten haben. Nur dann können Sie sicher sein, die Möglichkeiten des Direktmarketings wirklich zielgerichtet einzusetzen. Die folgende Checkliste ist deshalb für jede Aktion neu zu beantworten.

Checkliste Werbebrief-Profil

1. Was wollen Sie mit Ihren Werbebriefen erreichen?

a) Bestehende Kunden über neue Angebote
informieren ☐

b) Neue Kunden gewinnen ☐

c) Frühere Kunden wieder aktivieren ☐

d) Interessenten als Kunden gewinnen ☐

e) .... ☐

2. Was wollen Sie Ihren Adressaten vermitteln?

   a) Unternehmen vorstellen ❏

   b) Produkte/Dienstleistungen vorstellen ❏

   c) Produkte/Dienstleistungen direkt verkaufen ❏

   d) Kunden über Probleme informieren ❏

   e) Öffentlichkeitsarbeit betreiben ❏

   f) Kundenpflege betreiben ❏

   g) .... ❏

3. Was ist der entscheidende Vorteil Ihres Angebotes?

   a) Preise günstiger als bei der Konkurrenz ❏

   b) Umfangreiche Auswahl ❏

   c) Qualifizierte Beratung ❏

   d) Persönliche Betreuung ❏

   e) Geschulte, erfahrene Mitarbeiter ❏

   f) Immer aktuelle Angebote ❏

   g) Immer Zeit für den Kunden ❏

   h) Empfohlen von Fachleuten ❏

   i) .... ❏

4. Wie verläuft die Zusammenarbeit mit Ihren Kunden?

   a) Problemlos ❑

   b) Schwierige Kunden ❑

   c) Beratungsintensiv ❑

   d) Sehr kostenbewusst ❑

   e) Viele Probleme zu lösen ❑

   f) Ständige Änderungswünsche ❑

   g) .... ❑

Den Überblick behalten: Vorbereitungen

Die Angaben in den Checklisten sind natürlich nicht für jede individuell zu planende Aktion vollständig erfasst.

Checkliste Vorbereitungen

1. Reichen Ihre Briefbogen aus oder müssen sie nachgedruckt werden? ❑

2. Sind ausreichend Briefmarken vorhanden bzw. Guthaben in der Frankiermaschine? ❑

3. Wollen Sie den Text für Ihren Werbebrief selbst schreiben oder einen externen Texter beauftragen? ❑

4. Haben Sie ausreichend Prospekte vorrätig, entweder für den Versand mit dem Werbebrief oder für den Versand auf Grund eingehender Anfragen? ❑

5. Müssen Sie Prospekte beim Hersteller anfordern? ☐

6. Müssen Prospekte erst gestaltet und gedruckt werden? ☐

7. Wie wollen Sie die Briefe versenden: Mit normaler Post, einer günstigen Versendungsart wie Infobrief oder einem privaten Anbieter? ☐

8. Haben Sie die Adressen oder müssen Sie diese erst beschaffen? ☐

9. Woher bekommen Sie Ihre Adressen? ☐

10. Übernehmen Sie die Konfektionierung (Falzen, Kuvertieren etc.) selbst oder wollen Sie diese Aufgabe extern vergeben? ☐

11. Haben Sie Angebote von Anbietern dieser Dienstleistungen? ☐

Mit Ruhe geht alles besser: Zeitplanung

Bei der Zeitplanung werden nur sehr grobe Richtwerte angegeben, um Ihnen eine Vorstellung von dem Zeitaufwand zu geben. Bei der Anforderung von Prospekten von den Herstellern Ihrer Produkte – sofern das möglich ist – kann es in einem Fall vielleicht nur ein paar Tage dauern, weil der Hersteller auf solche Aktionen vorbereitet ist und sie vielleicht sogar fördert. Im anderen Fall mag der Prospekt gerade vergriffen sein und der Neudruck ist erst in drei Monaten geplant.

Diese Beispiele zeigen, wie wichtig eine Zeitplanung ist, um den von Ihnen durch die Werbebrief-Aktion gewünschten Effekt zu dem gewünschten Termin zu erreichen.

Checkliste Zeitplanung Werbebrief

1. Zeitaufwand Druck von Briefbogen (1 Woche) ❐

2. Zeitaufwand für die Gestaltung von Prospekten
(extern: 4 Wochen) ❐

3. Anforderung von Prospekten bei Herstellern
(sehr unterschiedlich) ❐

4. Zeitaufwand für Brieftext
(extern: 2 Wochen / eigene: 4 Stunden) ❐

5. Zeitaufwand Druck von Prospekten (2 Wochen) ❐

6. Zeitaufwand Adressbeschaffung (2 Wochen) ❐

7. Ausdruck der Briefe (je nach Menge) ❐

8. Kuvertieren der Briefe (je nach Menge) ❐

9. Anlieferung bei der Post oder anderem Dienstleister ❐

10. Brieflaufzeit (Durchschnitt 2 Tage, bei Postwurfsendungen kann es wesentlich länger dauern,
da sie nur mitgenommen werden, wenn „Platz ist".
Es gibt keine Terminzusagen.) ❐

11. Beantwortung der eingehenden Anfragen innerhalb
maximal einer Woche ❐

Werbebriefaktionen sicher zum Erfolg führen

Sie sind nun also bestens gerüstet: Sie wissen, wie Sie Ihren wirkungsvollen Werbebrief schreiben müssen, um damit Erfolg zu haben! Doch vor diesem Erfolg steht leider noch ein wenig Arbeit an. Ihr Brief muss nicht nur inhaltlich gut sein, er muss auch zum richtigen Zeitpunkt auf dem richtigen Weg an die richtigen Leute gehen.

Sie finden in diesem Buch viele Tipps für Ihre erfolgreiche Direktmarketing-Aktion. Daneben können Sie eine Reihe weiterer Quellen für Informationen nutzen.

Direktmarketing-Beratung bei der Post AG

Eine gute Anlaufstelle für Ihre Fragen sind die Direktmarketing-Center der Post AG. Die ehemalige Bundespost ist inzwischen ein leistungsfähiges Direktmarketing-Unternehmen geworden.

Bisher gibt es 30 Direktmarketing-Center in Deutschland, eigene „Firmen", bei denen Sie Antworten auf nahezu jede Frage rund um das Direktmarketing finden:

Vom Informationsmaterial über Seminare und die Vermittlung von externen Dienstleistern wie Werbeagenturen, Druckereien etc. bis zur Hilfe bei der Planung Ihrer Aktion – hier gibt es alles. Und das Schönste: Dieser Service ist kostenlos!

> Bevor Sie jetzt an Wunder glauben – selbstloser Einsatz für Jung- und andere Unternehmer ist das nicht: Man hat erkannt, wie wichtig Direktmarketing-Aktionen als Einnahmequelle sind – schließlich erfolgt die Beförderung der Briefe immer noch fast ausschließlich mit der Post.

Ein ganz wichtiger Punkt ist, dass die Direktmarketing-Center gerade auf die Bedürfnisse von Kunden eingestellt sind, die keine oder nur wenig Vorkenntnisse zu dem Thema Direktmarketing haben. Sie werden also Ihren wirklichen Anforderungen entsprechend beraten und man wird nicht versuchen, Ihnen Ideen zu verkaufen, die eigentlich eher für die Industriegiganten mit 200.000 Briefen pro Aktion geeignet sind.

Bei Ihrem Besuch werden Sie feststellen, dass die Center einem Gemischtwarenladen ähneln – man steht zunächst mit staunenden Augen vor der bunten Vielfalt des Angebotes. Die Berater werden Ihnen helfen, auszusortieren, was für Sie geeignet ist und was nicht. Abgesehen von den verschiedenen Versandmöglichkeiten finden Sie hier auch Ideen, die sich zum Beispiel für die Kundenpflege einsetzen lassen.

> **Welche Infos braucht der Berater?**
>
> **Tipp**
>
> Vor der Beratung sollten Sie sich schon Gedanken gemacht haben, was Sie mit der Werbeaktion erreichen wollen. Klären Sie am besten in einem Telefonat mit dem Direktmarketing-Center ab, welche Informationen die Berater benötigen, um Sie bei Ihrer Arbeit optimal zu unterstützen.

Werbemittel der Post

Die Post bietet Ihnen verschiedene Werbemittel an, die auch für Ihr Unternehmen interessant sind. So lassen sich Kundenpflege und Auftritt des eigenen Unternehmens sehr gut verbinden.

PortoCard

Die PortoCard sieht aus wie die kleinen Mäppchen mit Briefmarken, die Sie aus dem Automaten ziehen können. Genau das ist es im Prinzip auch, denn innen befindet sich eine oder mehrere Briefmarken. Der Unterschied: Sie können Ihre Werbung oder Aussage aufdrucken und dieses Mäppchen dann an Ihre Kunden schicken. Zum Beispiel mit der Aussage: „Damit wir in Verbindung bleiben" oder etwas frecher: „Damit Sie immer Briefmarken zur Hand haben, wenn Sie uns Ihren Auftrag schicken!"

Abb.: PortoCard

Das Ganze gibt's ab einer Auflage von 100 Stück und sehr günstig: ab 2,15 DM pro Stück inklusive einer Briefmarke im Wert von 1,10 DM zuzüglich 75 DM Pauschale für Layout und Satz.

Die StudyCard

Eine weitere Idee ist die StudyCard. Sie ist geeignet, wenn vornehmlich Studenten Ihre Zielgruppe sind. Vielleicht haben Sie schon einmal diese kostenlosen Werbepostkarten von Unternehmen gesehen. So ähnlich funktioniert die StudyCard auch, sie liegen in über 300 Mensen und Cafeterien der deutschen Universitäten in 74 Städten aus und können ebenfalls kostenlos mitgenommen werden.

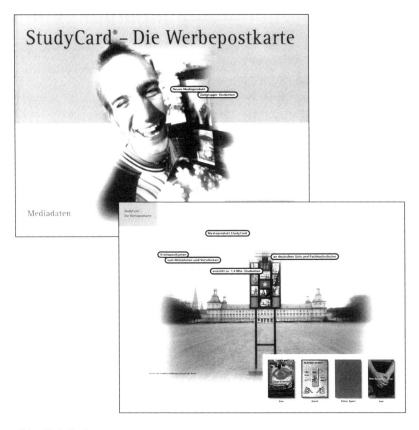

Abb.: StudyCard

So gehen Sie vor: Sie buchen die StudyCard wie eine Anzeige: Für einen bestimmten Zeitraum wird eine festgelegte Auflage mit Ihrem Aufdruck verteilt. Sie können auch regional buchen, allerdings sind die Regionen relativ groß: Es handelt sich dabei um die so genannten Nielsen-Gebiete. Die Bundesrepublik ist in 8 Nielsen-Gebiete unterteilt, das gibt Ihnen eine Vorstellung von der Größe. Durch die Größe sind die Kosten relativ hoch, z. B. in Nielsen VII (Thüringen und Sachsen) beträgt die Auflage 11.000 Karten, die Aktion kostet für zwei Wochen 3.800,– DM inklusive Druck.

Abb.: Direktbox

Branchenspezifische Komplettangebote
Ein weitere Möglichkeit sind branchenspezifische Komplettangebote.
Bereits erfolgreich wird die Fashion-Mail angeboten – ein Katalog an Direktmarketing-Maßnahmen für die Textilbranche. Außerdem startet
jetzt die A-Mail, ebenfalls ein Komplettangebot für das Direktmarketing
von Apotheken.

Ihr Vorteil – nutzen Sie das Informationsangebot
Es gibt beispielsweise eine so genannte Direktbox mit Schulungsmateri-
al zum Thema Direktmarketing. Sie ist in drei Bereiche unterteilt – Ba-
siswissen, Praxisideen, Hilfsmittel. Vor allem der Teil Praxiswissen enthält viele wissenswerte Details. Er ist nach verschiedenen Anwendungen
unterteilt (z. B. Neukundengewinnung, Kundenpflege), zum anderen ist
die Aufmachung mit ihren zahlreichen Mustern und ausführlichen Erklärungen sehr praxisorientiert.

Ergänzt wird das Angebot durch Seminare – alle Direktmarketing-Center haben eigene Seminarräume. Das Angebot ist sehr umfangreich und

besonders preisgünstig, wenn Sie sich nur einen ersten Einblick ein bestimmtes Thema verschaffen wollen. So wird ein $2^1/_2$-stündiges Direktmarketing-Seminar schon für 50,– DM angeboten. Ähnlich preisgünstig ist der „Internet-Schnupperkurs". Auch renommierte externe Referenten halten hier Seminare ab.

Infos per Internet

Einen guten Einblick in das umfassende Direktmarketing-Angebot gibt Ihnen die Internet-Seite der Post AG: www.deutschepost.de/direktmarketing

Tipp

Natürlich werden Sie in zwei Stunden nicht zum Direktmarketing-Fachmann, genausowenig lernen Sie bei solchen Kurzseminaren alle Details über's Internet oder das Database-Management (weitere Seminarangebote der Post AG). Aber das ist auch nicht das Ziel – Sie sollen nur einen Überblick über das Thema bekommen. Nützlich ist das zum Beispiel für Ihre Verhandlungen mit externen Dienstleistern: Sie können dann besser klarmachen, was Sie wollen – und das Angebot besser beurteilen.

Und nicht zuletzt finden Sie in den Direktmarketing-Centern ein Dienstleisterverzeichnis für alle Anforderungen rund um Ihre Werbung: Vom Adressverlag über Druckereien und Werbeagenturen bis zu Bildagenturen. Verständlicherweise ist dieses Verzeichnis neutral, aber die Berater können Ihnen sicher auch Tipps geben, mit welchen Dienstleistern sie schon selbst erfolgreich zusammengearbeitet haben.

Wählen Sie Ihre Zielgruppe richtig aus

Bei der Planung jeder Werbebriefaktion ist die Auswahl Ihrer Zielgruppe der erste Schritt. Bevor Sie den ersten Satz schreiben, müssen Sie sich darüber im Klaren sein, an wen Sie schreiben – und erst dann denken Sie noch einen Schritt weiter.

Worum geht es in Ihren ersten Brief an potentielle Kunden? Die Unternehmen Ihrer Stadt? Die Menschen in Ihrer Nachbarschaft? Eine bestimmte Berufsgruppe? Was auch für Ihre Branche angemessen ist, haben Sie immer die Frage im Hinterkopf: Wen könnte es noch interessieren?

Wenn Sie das bereits als Beispiel gewählte Sonnenstudio eröffnen, werden Sie sich vermutlich als potentielle Kunden die Menschen ausgesucht haben, die in einem bestimmten geographischen Umkreis wohnen. Denken Sie weiter: Liegt Ihr Sonnenstudio in einem Geschäftsviertel? Dann können auch die Menschen, die diese Geschäfte besuchen, aber nicht in Ihrem Stadtteil wohnen, für Sie interessant sein. Oder gibt es ein Fitness-Studio, ein Schwimmbad oder eine andere Sportstätte in Ihrer Nähe? Wenn es dort keine eigenen Sonnenbänke gibt, haben Sie eine zusätzliche Zielgruppe – Leute, die an Fitness interessiert sind, wollen ihr gutes Aussehen oft auch durch die „gesunde" Sonnenbräune betonen.

Wie kommen Sie an Adressen?

Adressen können Sie natürlich aus dem Telefonbuch abschreiben – aber es gibt wesentlich bequemere Möglichkeiten.

Grundsätzlich können Sie Adressen sowohl von Privatleuten als auch von Unternehmen bei Adressverlagen kaufen. Diese Verlage finden Sie zum Teil in den Gelben Seiten unter dem Stichwort Direktwerbung.

Da dort jedoch nur regionale Unternehmen vertreten sind, sollten Sie in Ihre Stadtbibliothek gehen. Dort finden Sie vermutlich den „Stamm" (richtig „Stamm Presse und Medienhandbuch"), das Adressnachschlagewerk für die Medienbranche.

Das „Stamm Presse und Medienhandbuch" enthält die Adressen nahezu aller Unternehmen, die in der Medienbranche tätig sind. Große Anbieter für Firmen- und Privatadressen sind zum Beispiel: Schober, Merkur, Hoppenstedt und DeTeMedien.

Sie werden in den Angeboten dieser Adressverlage jede Menge Selektionsmöglichkeiten nach Alter, Beruf, Einkommen u. a. finden. Beurteilen Sie diese Angaben mit Vorsicht – oft sind es Schätzungen, denn selbstverständlich haben nicht alle Menschen bereitwillig Auskunft über ihre persönlichen Verhältnisse gegeben.

Übrigens wird mit Adressen ein schwunghafter Handel betrieben und Adressmaterial von einem Unternehmen zum anderen verkauft. Wenn

Sie zum Beispiel bei Bestellungen der üblichen Klausel, dass Sie mit der Weitergabe Ihrer Adresse einverstanden sind, nicht ausdrücklich widersprochen haben, sind auch Ihre Angaben schnell Bestandteil dieses Handels.

Adressen von Unternehmen

Sind Sie auf der Suche nach den Adressen der Unternehmen in Ihrer Stadt, sind die Industrie- und Handelskammer (IHK) und die Handwerkskammer (HWK) gute Ansprechpartner. Auch dort hat man erkannt, dass sich mit den Adressen der Unternehmen im Kammerbezirk Geld verdienen lässt.

Zudem haben Unternehmen, anders als Privatpersonen, selten etwas gegen die Weitergabe ihrer Daten, da sie ja von geschäftlichen Kontakten leben. Auch bei Unternehmensadressen gibt es Selektionsmöglichkeiten, zum Beispiel nach der Art des Unternehmens, der Anzahl der Mitarbeiter oder den Umsatzgrößen.

Selektieren ist sinnvoll

Tipp

Auch wenn Sie sich auf Grund der relativ geringen Kosten keine großen Gedanken über Selektierung machen wollen – tun Sie es trotzdem! Jemanden anzuschreiben, für den Ihr Angebot nicht in Frage kommt, ist immer ein Minuspunkt.

Sie können nie wissen, bei welcher Gelegenheit Sie einem Unternehmen wieder begegnen werden. Schreiben Sie aus diesem Grund nur an Unternehmen, die auch „Sinn" für Sie machen. Bedenken Sie auch, dass Sie ja nicht nur an ein Unternehmen, sondern an einen oder mehrere Menschen in diesem Unternehmen schreiben. Auch diese Menschen mögen ihre Schlussfolgerungen aus der Tatsache ziehen, dass Sie sinnlose Briefe schreiben.

Sobald Sie sich an einen großen Kreis möglicher Interessenten wenden, werden Sie „Fehlschüsse" kaum vermeiden können, weil es zeitlich einfach nicht möglich ist, alle Adressen auf ihre tatsächliche Tauglichkeit zu überprüfen. Doch grundsätzlich lässt sich dieses Risiko durch selektieren gut einschränken.

Nehmen wir das Beispiel Kfz-Werkstatt mit besonderem Service für Firmen. Es gibt in Ihrer Stadt 500 verschiedene Unternehmen. Bei der Selektion können Sie schon mit gesundem Menschenverstand etliche Branchen ausschließen – die kleine Bäckerei oder den Schreibwarenladen um die Ecke. Anschließend sollten Sie sich die Unternehmensgrößen näher anschauen. Bei Betrieben unter 10 Mitarbeitern ist beispielsweise die Existenz eines Fuhrparks eher unwahrscheinlich, es sei denn, es handelt sich um ein Taxiunternehmen oder einen Kurierdienst. Vermutlich ist die Anzahl der Erfolg versprechenden Adressen jetzt schon sehr geschrumpft. Sie sollten sinnvollerweise nicht alle möglichen Adressen auf einmal nutzen, um nicht in die Verlegenheit zu kommen, mit den eingehenden Aufträgen nicht fertig zu werden.

Der nächste Schritt ist, die ausgewählten Unternehmen anzurufen und herauszufinden, ob dort tatsächlich der Fuhrpark existiert. Voraussichtlich wird sich Ihr Adressmaterial hierbei weiter reduzieren – im Beispiel vielleicht auf 20 Adressen. Dies ist eine Menge, die für den Start Ihres Werbebriefes überschaubar und erfolgversprechend ist.

Adressen in der Nachbarschaft

Den Begriff Nachbarschaft sollten Sie abhängig von Ihrem Angebot großzügig fassen – er kann von den zehn Häusern in Ihrer Straße bis zu ganzen Stadtteilen gehen.

Ausgangspunkt für diese Werbeaktion sind Angebote, die sich nicht an eine bestimmte Berufsgruppe richten, sondern die für eine große Zahl von Menschen unterschiedlichen Alters und Geschlechtes interessant sein könnten. Typische Beispiele hierfür sind: Einzelhandelsgeschäfte, Sonnenstudios, Handwerksbetriebe, Dienstleistungsunternehmen wie Gärtnereien oder Reinigungsunternehmen, Vereine, Versicherungsagenturen, Sportstudios. Sie alle werden ihre Kundschaft in einem regional begrenzten Gebiet suchen und auf eine große Anzahl von potentiellen Kunden angewiesen sein, um Erfolg zu haben.

Zumindest für die erste Vorstellung des neuen Unternehmens ist ein Werbebrief an alle Haushalte dieses ausgewählten geographischen Gebietes sinnvoll. Hier geht es also nicht im eigentlichen Sinn um die Beschaffung der Adressen in diesem Gebiet – das wäre eine sehr zeit- und kostenaufwendiges Unterfangen, sofern es überhaupt flächendeckend möglich wäre, vielmehr wollen Sie die Menschen in Ihrem ausgewählten Gebiet erreichen. Die flächendeckende Postwurfsendung ist dafür ideal.

Briefe günstig versenden

Der Versand der Werbebriefe ist der größte Kostenfaktor bei Ihren Aktionen. Wenn es nur darum geht, Ihre zehn Stammkunden von Zeit zu Zeit anzuschreiben, brauchen Sie sich darüber keine Gedanken zu machen. Wollen Sie aber die Möglichkeiten des Direktmarketings systematisch nutzen, sollten Sie alle Möglichkeiten kennen, Briefe günstig zu versenden.

Briefversand mit der Post

Angesichts der zahlreichen elektronischen Alternativen wie Fax und E-Mail scheint der Postversand per Brief tatsächlich ein wenig veraltet – und teurer als andere Alternativen. Letzteres ist sicherlich richtig. Das Fax hat dem Briefversand per Post bei der alltäglichen Geschäftskorrespondenz deutlich den Rang abgelaufen. Doch wann immer es auch auf den optischen Eindruck eines Briefes ankommt, ist die gute alte Post unschlagbar: Ihr Brief kommt in Farbe und ohne schwarze Streifen oder verzerrte Schrift, wie das beim Fax auch heute noch allzu oft vorkommt.

Der Vorteil eines Briefes

Der „normale" Brief ist immer persönlicher als ein Fax. Zusätzlich zeigen Sie so, dass Sie sich Mühe geben, um den Empfänger zu erreichen – alles Vorzüge, die für diese Art des Versandes von Werbebriefe sprechen. **Tipp**

Dazu kommt, dass ein Fax selten von nur einer Person genutzt wird. Natürlich steht auch auf einem Schreiben, das per Fax geschickt wird, der Name des Ansprechpartners. Aber in den seltensten Fällen bedeutet dies auch, dass der Empfänger das Schreiben direkt bekommt. Und es ist durch den offen für jedermann sichtbaren Inhalt keinesfalls so persönlich wie ein Brief, der in einem Umschlag ankommt. Auch wenn ein Brief von einer Sekretärin geöffnet wird, bleibt der Brief dennoch ein Original.

Besondere Versendungsformen

Um es dem Empfänger Ihres Briefes zu erleichtern, Ihnen zu antworten, legen Sie einen bereits adressierten Umschlag oder eine Karte mit dem Aufdruck „Gebühr bezahlt Empfänger" bei. Die Post befördert in diesem Fall Brief oder Karte ohne Briefmarke. Diese Versendungsform erfordert allerdings eine Formalität: Auf dem Umschlag oder der Karte muss das Wort „Antwort" stehen.

Sie müssen außerdem bei Erhalt der Antwort nicht nur die übliche Portogebühr bezahlen, sondern auch die zusätzliche Nachgebühr. Es kommt jedoch recht häufig vor, dass die Empfänger trotzdem eine Briefmarke draufkleben.

Mehr Informationen über das Angebot der Deutschen Post AG für Direktmarketing-Aktionen erhalten Sie bei den Postämtern, in den Direktmarketing-Centern (siehe Anhang) oder im Internet (www.deutsche-post.de/direktmarketing/produkte/infopost).

Infopost

Die Infopost ist eine preiswerte Art, Briefe zu versenden. Im Gegensatz zu der Postwurfsendung handelt es sich dabei um adressierte Briefe. Wichtigste Voraussetzung ist die „Inhaltsgleichheit" – wie sie ja kennzeichnend für einen Werbebrief ist. Das heißt, der Text des Briefes und eventuelle Anlagen, wie zum Beispiel Prospekte, sind in jedem Brief gleich. Auch der Briefumschlag muss in Gestaltung und Format gleich sein.

Grundsätzlich können Sie für die Infopost die gleichen Formate wählen wie bei dem normalen Postversand: Standard, Kompakt, Groß, Maxi. Zusätzlich müssen die Adressen maschinenlesbar sein – Informationen hierzu erfragen Sie bitte bei der Post.

Mindestmengen beachten

Für Infopost gibt es Mindestmengen, die sich nach den Postleitzahlen richten. Bei beliebigen Postleitzahlen beträgt die Mindestmenge 4000, bei Postleitzahlen aus der gleichen Leitregion (das sind die ersten zwei Ziffern der Postleitzahl), reichen als Mindestmenge 250 Stück. Und noch geringer kann die Mindestmenge sein, wenn es sich um Postleitzahlen aus dem gleichen Leitbereich des Einlieferungsortes handelt. Beispiel: Sie liefern Ihre Briefe in Bonn ein und haben dann nur Postleitzahlen von 53000 – 53310. Wenn Sie diese Mengen übersteigen, gibt es nochmals prozentuale Ermäßigungen.

Erfüllen Sie all diese Voraussetzungen, sparen Sie eine ganze Menge Geld: Ein Standardbrief mit maximal 20 g kostet im normalen Postversand 1,10 DM, mit der Infopost nur 0,47 DM (Stand Januar 1999).

Für die Einlieferung gilt: Die Briefe müssen entweder in aufsteigender oder absteigender Folge geordnet sein. Es muss eine Einlieferungsliste und ein Muster Ihrer Sendung beiliegen.

Infobrief

Der Infobrief ist eine Variante der Infopost für kleinere Mengen. Die Mindestmenge beträgt nur 50 Stück und die Briefe brauchen nicht sortiert zu sein. Für die Inhaltsgleichheit gilt das Gleiche wie bei der Infopost, ebenso wie für Umschlaggestaltung, Format und Maschinenlesbarkeit der Adresse. Auch dieser Art der Briefsendung müssen Sie eine Einlieferungsliste beilegen.

InfoCard

Preise vergleichen

Die InfoCard ist sozusagen Werbebrief und Antwortkarte in einem. Aufgrund des Postkartenformates (wenn auch mit

Der Infobrief ist immerhin noch um einiges billiger als der „normale" Brief: 0,80 DM für das Standardbriefformat. **Tipp**

möglicher Übergröße bis 235 × 125 mm) eignet sich die InfoCard nur für kurze Informationen an die potentiellen oder tatsächlichen Kunden. Ein möglicher Nachteil dieser Versendungsform ist, dass sie sofort als Werbung erkennbar ist. Deshalb muss der Vorteil für den Empfänger im wahrsten Sinne des Wortes auf den ersten Blick erkennbar sein – sonst landet Ihr Mailing lediglich in der Papiertonne.

Die InfoCard hat einen besonders praktischen Vorteil: Die Kundenanschrift wird auf einen abziehbaren Aufkleber gedruckt, den der Empfänger dann als Absenderaufkleber benutzen kann. Darunter befindet sich Ihre Anschrift, so dass die Karte automatisch zur Antwortkarte wird.

Auf Grund ihrer Aufmachung eignet sich die InfoCard besonders, wenn Sie Ihren potentiellen oder tatsächlichen Kunden zu einer Veranstaltung einladen oder ihn zum Bestellen von Prospekten und anderen Materialien auffordern wollen.

Die Voraussetzungen und Kosten sind die gleichen wie bei Infopost und Infobrief.

Postwurfsendungen

Im Gegensatz zur Infopost adressieren Sie Ihre Briefe nicht an ausgewählte Kunden, sondern legen das Gebiet fest, in dem Ihr Werbebrief verteilt werden soll, und die Post übernimmt die Verteilung. Auch hier muss die bereits erwähnte Inhaltsgleichheit gewährleistet sein.

Die geographische Begrenzung geht bis zu einem Zustellbezirk – das ist das Gebiet, das ein einzelner Briefträger betreut. Möglich ist dieser Service ab 50 Briefen. Das Porto ist um einiges günstiger als die normale Briefpost und wird umso günstiger, je mehr Briefe Sie verschicken.

Sie können die Empfänger auch noch nach den Kriterien „An alle Haushalte", „An alle Haushalte, die am Zustelltag Post erhalten" und „An Briefabholer", Inhaber eines Postfaches), unterteilen. Die Post garantiert Ihnen aber nicht die Zustellung innerhalb eines bestimmten Zeitraumes.

> Briefe per Postwurfsendung bleiben schon mal ein paar Tage liegen, wenn gerade viel Post anfällt und die Briefträger keinen Platz haben. Das ist wichtig zu wissen, wenn Sie kurzfristige Aktionen planen bzw. Ihre Post unbedingt bis zu einem bestimmten Zeitpunkt beim Empfänger sein muss. Ihre Vorlaufzeit muss dann entsprechend lang sein.

Beachten Sie, dass Ihr Brief nicht in Briefkästen mit einem „Bitte keine Werbung" oder ähnlichen Aufkleber eingeworfen wird oder in solche, die auf der Robinsonliste stehen. (Diese Liste wird beim Deutschen Direktmarketing-Verband geführt. Hier lassen sich Leute eintragen, die keine Werbebriefe erhalten wollen.) Wenn Sie Ihre Briefe dagegen per Infopost oder Infobrief schicken, greifen natürlich weder Aufkleber noch Robinsonliste. Das ist auch eine Überlegung wert, vorausgesetzt natürlich, Sie wählen neutrale Umschläge.

Auch diese Art des Werbebriefversandes erfordert ein wenig Vorbereitung Ihrer Post für den Versand. Die Briefe müssen zu 50 gebündelt werden und bedürfen einer Einlieferungsliste nebst Muster.

Die Mühe lohnt sich, denn dies ist eine sehr preisgünstige Art des Versandes: Der Standardbrief kostet je nach Tarif (Ballungsgebiet/Großstadt, Zwischenbereiche, ländliche Gebiete) zwischen 0,07 DM und 0,10 DM für Briefe mit der Tagespost und zwischen 0,15 DM und 0,19 DM für Briefe an alle Haushalte.

Ein weiterer Unterschied zur Infopost oder dem normalen Brief ist die Eingrenzung von Formaten und Gewichten. Das Mindestmaß beträgt 14×9 cm, das Höchstmaß 32,4–22,9 cm; das Höchstgewicht 250 g. Als „Adressierung" auf dem Umschlag können Sie nicht beliebige Begriffe wählen, sondern nur die folgenden:

- Wenn Ihr Brief an alle Haushalte geht:
„Postwurfsendung – Alle –" oder *„An alle Haushalte"*

- Wenn Ihr Brief nur an die Haushalte mit Tagespost geht:
„Postwurfsendung – Tagespost –" oder *„An alle Haushalte mit Tagespost"*

- Wenn Ihr Brief nur an die Postfachabholer geht:
„Postwurfsendungen – Abholer –" oder *„An alle Abholer"*

Für Ihre Planung möchten Sie natürlich gerne wissen, wie viele Haushalte es nun in dem von Ihnen ausgewählten Bezirk gibt. Handelt es sich um das Gebiet Ihres Postamtes, kann man Ihnen dort die Zahlen sagen. Ansonsten hilft Ihnen das nächst gelegene Direktmarketing-Center (siehe Anhang Adressen).

Private Anbieter

Seit der Umwandlung der Bundespost in die Post AG 1994 verliert das Unternehmen sein Monopol für den Briefversand schrittweise. Bei Massensendungen sind zunächst die Sendungen über 250g für den Wettbewerb freigegeben worden, seit 1996 auch Briefe über 100g. Private Anbieter stehen schon in den Startlöchern, um in das lukrative Geschäft mit dem Direktmarketing einzusteigen, spätestens dann, wenn die „Schonfrist" für die Post AG Ende 2002 endgültig abläuft.

Grundsätzlich erlaubt das Postgesetz bereits jetzt die Beförderung von „normalen" Briefen bis 200g durch private Anbieter, jedoch nur wenn diese eine „qualitativ höhere Dienstleistung" als die Post anbieten. Nach Ansicht der Privatunternehmen stellt zum Beispiel die Zustellung der Briefe am gleichen Tag eine solche höherwertige Leistung dar. Die Post ist da anderer Meinung und wehrt sich fleißig und bisher erfolgreich gegen diese Konkurrenz – per Gericht.

Fax

Das Fax ist grundsätzlich keine Alternative für Direktwerbeaktionen. Vor allem nicht für einen Erstkontakt, also die erstmalige Vorstellung Ihres Unternehmens oder Ihres Angebotes. Auch wird sich diese Versendeform für Angebote an Privatleute meist nicht eignen, da vorwiegend Unternehmen und Selbstständige Faxanschlüsse haben, aber nur relativ wenig Privatleute.

Alternative Fax

Tipp Wenn bereits ein Kontakt besteht und der potentielle Kunde entweder schon ein tatsächlicher Kunde geworden ist oder zumindest deutliches Interesse gezeigt hat, kann das Fax zur Alternative werden – denn es ist schnell.

Wann immer Ihr Angebot mit Schnelligkeit zusammenhängt, lohnt es sich, über den Versand per Fax nachzudenken.

Verkaufen Sie so genannte „Schnäppchen" – Überproduktionen, Warenbestände aus Unfall-Ladungen, Auslaufmodelle – Produkte also, die schnell weiterverkauft werden müssen, weil Sie keine große Lagerhaltung betreiben oder ein ständig wechselndes Angebot haben? Dann kann das Fax das einzig richtige Medium für Ihren Werbebrief sein.

Der Zeitaufwand für die Versendung von Faxen ist gering, besonders dann, wenn es sich um einen immer gleichen Kundenkreis handelt – und Sie das richtige Faxgerät haben. Dann lassen sich nämlich nicht nur Kurzwahlnummern programmieren, sondern auch Gruppen, an die ein bestimmtes Fax automatisch gesendet wird.

Sollten Sie den regelmäßigen Einsatz des Faxes für Direktmarketing unter den genannten Voraussetzungen für sinnvoll halten, lohnt es sich, dies bei der Anschaffung Ihres Faxgerätes zu berücksichtigen. Denn es ist sicherlich eine Kostenfrage – je mehr Ihr Faxgerät kann, umso teurer wird auch die Anschaffung sein.

E-Mail

Was Geschwindigkeit, Flexibilität und Produktinformationen angeht, schlägt die E-Mail, die elektronische Post per Internet, jede andere Versandform. Bei den Gestaltungsmöglichkeiten des Textes ist sie jedoch sicherlich nicht der Sieger. Weitere Informationen zur E-Mail erhalten Sie im letzten Kapitel, das sich mit dem Internet befasst.

Werbekosten kalkulieren

Die Kosten für Ihre Werbebriefaktion setzen sich aus folgenden Bestandteilen zusammen:

Adressbeschaffung

Wenn Sie eine Aktion starten, bei der Sie neue Kunden gewinnen wollen und sich deshalb entscheiden, Adressmaterial zu kaufen. Vergleichen Sie Kosten und Angebote der verschiedenen Adressverlage untereinander.

Beispiel

Adressverlag: Adressen im Postleitzahlengebiet 4 für einen Reiseveranstalter, der ein spezielles „Fit-in-20-Tagen"-Programm für Menschen anbieten will, die „schon immer mal Sport machen wollten", aber nie einen Anfang fanden. Das Angebot ist auf Männer zugeschnitten und soll individuell nach den Neigungen der Reisenden festgelegt werden, deshalb ist das Einzugsgebiet für den Veranstalter wegen der notwendigen Beratung regional begrenzt.

Da das im obigen Beispiel genannte Programm in einem exklusiven Rahmen in der Schweiz stattfindet, ist ein etwas größerer Geldbeutel gefragt. Die Werbefachleute haben deshalb folgende Selektionsmerkmale für die Auswahl der Adressen festgelegt:

- Privatadressen
- Konsumschwerpunkt Reise und Freizeit
- Männlich
- Kaufkraft hoch
- Überwiegend bis 45 Jahre

Bei einem der großen Adressverlage beträgt der Preis pro tausend Stück 340 DM, es gibt allerdings einen Mindestauftragswert von 450 DM. Der Preis schließt eine nur einmalige Nutzung ein (die Verlage kontrollieren das durch „falsche" Adressen, die unter die Daten gemischt werden – die einzige Chance, Missbrauch zu vermeiden. Die Adressen werden auf einer Diskette geliefert und können so problemlos verarbeitet werden. Das Angebot dieses Verlages ist ein Komplettangebot.

Ein Konkurrenzunternehmen bietet die gleichen Selektionsmöglichkeiten, die Preisstruktur ist aber anders:

Hier gibt es einen Grundpreis plus einem Zuschlag für jedes Selektionsmerkmal. Bei unserem Beispiel sieht das wie folgt aus:

Grundpreis für 1.000 Adressen:	198 DM
Selektionsmerkmal Alter:	+ 75 DM
Selektionsmerkmal Konsumverhalten Reisen/Urlaub:	+ 75 DM
Gesamtpreis:	348 DM

Briefversand

Vermutlich werden Sie sich als „Anfänger" im Direktmarketing für den normalen Brief entscheiden. Je nachdem, wie Sie Ihren Brief gestalten, können Sie die verschiedenen Versendungsformen nutzen. Bei allen Preisbeispielen gehen wir von 1.000 Adressen in Köln aus.

– Normaler Postversand:	1.100 DM
– Infobrief (mindestens 50 Stück):	800 DM
– Infopost (mindestens 250 Stück, bei denen die ersten beiden Ziffern der Postleitzahl gleich sind):	470 DM
– Ihr Angebot richtet sich nicht an eine spezielle Zielgruppe, deshalb wählen Sie die Postwurfsendung in einem bestimmten Gebiet von Köln:	70 DM

Diese Kostenaufstellung geht davon aus, dass Sie das Verfassen des Werbebriefes selber übernehmen. Wollen Sie das einem professionellen Texter überlassen, würde Sie das zwischen 200 DM und 1.000 DM kosten.

Außerdem investieren Sie die erforderliche Zeit, den Brief selbst an Ihrem Computer zu schreiben, auszudrucken und für den Postversand zu sortieren. Auch dafür gibt es natürlich Dienstleister. Die Angebote sind so unterschiedlich, dass ein Beispiel kaum lohnt. Grob kalkuliert können Sie zwischen 0,50 und 1 DM pro Brief rechnen, abhängig von der Menge und dem Umfang der Arbeiten, die ausgeführt werden sollen. Anbieter dieser Dienstleistungen finden Sie zum Beispiel im Branchenbuch unter „Direktwerbung" oder auf Vermittlung der Direktmarketing-Center der Post AG.

Werbeaktionen kontrollieren

In Direktmarketing-Ratgebern werden Sie zum Thema Erfolgskontrolle lesen, dass die durchschnittliche „Responsequote", also der Anteil der Leute, die auf Ihre Direktmarketing-Angebote antworten, zwischen 1 und 3 Prozent liegen. Das würde bedeuten, dass von 50 angeschriebenen Personen zwischen einer halben und eineinhalb Personen antworten.

Diese Durchschnittswerte beziehen sich auf Werbebriefe, die nicht an eine ausgewählte Zielgruppe gesendet werden, das heißt, eine Gruppe, bei der voraussichtlich ein Bedarf an dem von Ihnen angebotenen Produkt oder der Dienstleistung besteht.

Beispiel

Wenn Sie Ihre Dienste als Gärtner anbieten und dazu alle 5.000 Haushalte Ihrer Stadt in Form einer Postwurfsendung anschreiben, dürfte die Quote von 1 bis 3 Prozent ungefähr zutreffen. Allerdings nur, wenn Sie in Ihrem Brief nicht dazu auffordern, direkt einen Vertrag zu unterschreiben, sondern nur eine Kontaktaufnahme anbieten.

Im Grunde können Sie als kleiner oder mittlerer Unternehmer statistische Zahlen schlichtweg vergessen – sie sind nur etwas für die Marketingplaner von Großunternehmen, die bei Werbesendungen in Zehntausenden denken.

Für Ihr Unternehmen gibt es keine verlässlichen statistischen Maßstäbe, wann Ihre Aktion erfolgreich war – die Maßstäbe müssen Sie sich selber setzen.

Erfolgsmaßstab selbst definieren

Eine Kontrolle sollten Sie, wo immer möglich, bei jeder Aktion durchführen. Nur so können Sie Ihre Werbeaktionen weiter verbessern. Wenn Sie beispielsweise nur Ihr Unternehmen vorstellen wollen, also dem Empfänger keine Möglichkeit zur Rückmeldung geben, ist jeder Anruf, der daraufhin „freiwillig" bei Ihnen eingeht, ein Erfolg.

Wenn Sie den Kunden dazu auffordern, sein Interesse an weiteren Informationen zu bekunden, und Sie erhalten nur von 2 der 100 angeschriebenen potentiellen Kunden eine Anfrage, sollten Sie die möglichen Gründe hierfür analysieren. Denkbar ist, dass ihr Brief nicht gut war, und/oder dass Sie die potentielle Zielgruppe nicht richtig ausgesucht haben oder aber Ihr Angebot schlicht und einfach nicht interessant ist. In diesem Fall sollten Sie vor einer zweiten Aussendung an die nicht Interessierten darüber nachdenken, verschiedene Varianten eines Briefes zu testen.

> Grundsätzlich gilt: Je mehr Sie von Ihrem Kunden wollen, desto geringer wird der Rücklauf sein: Kostenlose Prospekte oder weiter gehende Informationen werden üblicherweise gerne angefordert – Bestellungen weniger gern geschickt.

Stellen Sie sicher, dass Rückläufe umgehend bearbeitet und am besten innerhalb von zwei Tagen nach Erhalt beantwortet werden. Wenn Sie sich mehr als eine Woche Zeit lassen, laufen Sie Gefahr, die Chance zu vertun, einen neuen Kunden zu gewinnen. Das bedeutet, dass Sie bereits im Rahmen der Planung der Aktion Ihre Antwort auf die Rückläufe vorbereitet haben müssen.

Ausreichend Zeit einplanen

Welcher Zeitaufwand für Ihre Aktion notwendig ist, hängt natürlich von deren Umfang ab. Es ist sehr wichtig, dass Sie sich über diesen Zeitaufwand klar werden, sonst geraten Sie in die Falle vieler Jungunternehmer: Keine Zeit. Die Planung Ihrer Werbeaktionen muss ein genauso fester Bestandteil Ihrer Unternehmertätigkeit sein wie der Einkauf Ihrer Waren oder der Besuch von Messen oder Ihre Anwesenheit in Ihrem Geschäft oder Büro. Ganz wichtig ist es, über den Versand des Briefes hinaus zu denken. Was machen Sie mit den Antworten? Wie oben bereits erwähnt, machen Sie den Erfolg eines Werbebriefes zunichte, wenn Sie nicht in der Lage sind, Versprochenes umgehend zu liefern – seien es Prospekte oder einen Anruf.

Vorlaufzeiten von externen Dienstleistern

Wann immer Sie externe Lieferanten, zum Beispiel Texter für Ihren Brief oder eine Druckerei für Prospekte benötigen, verändert das natürlich den Zeitaufwand erheblich. Zudem müssen Sie mögliche Verspätungen einkalkulieren, die Sie nur in begrenztem Umfang beeinflussen können. Wenn Sie also mit Ihrem Werbebrief einen bestimmten Effekt zu einem bestimmten Zeitpunkt erreichen wollen, müssen Sie diese Vorlaufzeiten sehr genau im Hinterkopf haben.

Hilfreiche Tipps für Ihre Zeit- und Ablaufplanung finden Sie im Kapitel „Vorbereitung ist alles: Checklisten für die Planung." Die wichtigsten Bestandteile Ihrer Planung sind die folgenden Aufgaben:

• Zeitaufwand für das Texten des Briefes (eigener Text oder externer Texter)

• Wenn Prospekte beigelegt oder vom Empfänger angefordert werden können: Zeit für Gestaltung und Druck

• Bei größeren Aussendungen: Druck von Briefbogen in ausreichender Zahl

• Zeitaufwand für den Ausdruck der Briefe (bei kleinen Aktionen vernachlässigbar, bei größeren Aussendungen nicht)

- Zeitaufwand für Kuvertieren

- Brieflaufzeiten bei der Post

Wie unterschiedlich diese Planung und der dafür erforderliche Zeitaufwand ausfallen kann, können Sie den Planungsbeispielen des folgenden Kapitels entnehmen.

Werbebriefaktionen sicher zum Erfolg führen

1. Beschränken Sie sich bei der Zielgruppenauswahl nicht auf das Naheliegende. Stellen Sie sich immer die Frage: Wen können meine Angebote noch interessieren?
2. Wenn Sie Adressen von Adressverlagen kaufen, überprüfen Sie die Zuverlässigkeit des Verlages: Fragen Sie nach der Art der Adressermittlung.
3. Lassen Sie sich auch Angebote von den Industrie- und Handelskammern bzw. der Handwerkskammern für Firmenadressen machen.
4. Senden Sie Werbebriefe mit der Post, nicht per Fax oder E-Mail.
5. Nutzen Sie die speziellen Angebote der Post für den Versand von Briefen, wie Infobrief und Infopost, um Kosten zu sparen.
6. Klären Sie, ob es sinnvoll für Sie ist, Direktmarketing-Aktionen selbst abzuwickeln: Holen Sie sich Angebote von Direktmarketing-Dienstleistern für Gestaltung und Versand der Briefe.
7. Kontrollieren Sie den Erfolg Ihrer Direktmarketing-Aktionen und testen Sie verschiedene Varianten, wenn Sie mit dem Ergebnis nicht zufrieden sind.
8. Machen Sie sich einen Zeitplan für Ihre Direktmarketing-Aktionen, damit die Qualität nicht unter plötzlich auftretendem Zeitdruck leidet.

Lernen aus der Praxis: Planungsbeispiele

Die folgenden Beispiele aus der Praxis zeigen, mit welchen Anforderungen und Problemen Sie konfrontiert werden können. Und natürlich, wie sie bewältigt werden.

Aufbau eines Sekretariatsservices

Angela Bauer ist 37 Jahre alt. Sie hat nach dem Abitur eine Lehre als Industriekauffrau gemacht und dann in verschiedenen kaufmännischen Jobs gearbeitet, dabei einige Weiterbildungsseminare für das Sekretariat besucht. Sowohl Kollegen als auch Chefs haben ihr immer wieder bestätigt, dass sie ein außergewöhnliches Organisationstalent hat und vor allem auch ihre absolute Zuverlässigkeit gelobt. In ihrer derzeitigen Stellung als Geschäftsleitungsassistentin ist sie seit 5 Jahren und eigentlich sehr zufrieden. Doch ihr Chef wird Ende des Jahres in Pension gehen und Frau Bauer will diese Veränderung nutzen, um sich ihren Traum von einer selbstständigen beruflichen Existenz zu erfüllen.

Ausgangssituation

Um das finanzielle Risiko zu minimieren und auch erst einmal zu testen, ob ihr die Selbstständigkeit wirklich liegt, wird Angela Bauer ihr Büro zu Hause eröffnen. Es gibt bereits ein Arbeitszimmer, das ihr Mann nur abends oder am Wochenende benutzt und das sie für die Bedürfnisse von Angela Bauer umgebaut haben. Der Raum liegt direkt am Wohnnungseingang, damit Frau Bauer ihre Besucher nicht durch die Wohnung führen muss und so auch bei Kundenbesuchen der professionelle Eindruck bestehen bleibt.

Ein zusätzlicher Computer mit der gängigen Software so wie einigen Grafikprogrammen und Internetanschluss wurde ebenso angeschafft wie ein leistungsfähiger Farblaserdrucker. Ein Faxgerät war bereits vorhanden. Außerdem hat Frau Bauer einen separaten Telefonanschluss einrichten lassen, um Privates und Berufliches trennen zu können.

Zielsetzungen

In Bendstadt, einer Gemeinde mit rund 50.000 Einwohnern, in der Angela Bauer lebt, gibt es ein wachsendes Industriegebiet. Die Gemeinde bemüht sich sehr um Industrieansiedlungen, dank der guten Infrastruktur und preiswertem Bauland ist sie damit recht erfolgreich. Diese Voraussetzungen haben Frau Bauer mit beeinflusst, denn neue Unternehmen haben nicht immer sofort ein komplett funktionierendes Büro bzw. die notwendigen Mitarbeiter.

Tipp

Voraussetzungen vor Ort beachten

Die Gegebenheiten vor Ort – Infrastruktur, Konkurrenz, Pläne der Gemeinde – können über Erfolg oder Misserfolg entscheiden. Informationen erhalten Sie bei der IHK, HWK, Gemeinde und Verbänden.

Außerdem entwickelt sich das Industriegebiet zu einem Standort für Mediendienstleister, wie Grafiker, Fotostudios und Druckereien, von denen sich Frau Bauer einigen Bedarf verspricht. Gespräche mit der Industrie- und Handelskammer haben diesen Eindruck bestätigt.

Diesen Betrieben will Frau Bauer nicht nur ihren Service als Schreibbüro anbieten, sondern auch zusätzlich administrative Unterstützung: Vom Aufbau einer funktionierenden Büroorganisation, der Gestaltung von Präsentationen bis hin zur Unterstützung bei der Organisation von Veranstaltungen. Deshalb hat sie auch bei der Ausstattung ihres Büros besonderen Wert auf eine entsprechende technische Ausstattung gelegt.

Unternehmens-Präsentation

Bei allen Maßnahmen, ihr junges Unternehmen bekannt zu machen, ist es für Angela Bauer sehr wichtig, sich deutlich von dem schon vorhandenen Angebot zu unterscheiden, denn Schreibbüros und ähnliche Einrichtungen gibt es viele. Allein in Bendstadt bieten fünf weitere Unternehmen ihre Dienste an.

Frau Bauer wird für ihre potentiellen Auftraggeber eine Präsentation zusammenstellen, sowohl für eine schriftliche als auch für eine persönliche Vorstellung.

Bestandteile der Präsentation sind:

* Empfehlungsschreiben
* Beschreibung des beruflichen Hintergrundes
* Kurzbeschreibung des Unternehmenskonzeptes

Empfehlungen

Als ersten Schritt besorgt sich Frau Bauer Empfehlungsschreiben von ihrem jetzigen und von zwei weiteren früheren Arbeitgebern. Da sie immer ein gutes Verhältnis zu ihren Vorgesetzten hatte, ist das kein Problem. Sie bittet ihre Chefs, bei der Formulierung der Schreiben ihre Fähigkeit zum selbstständigen Arbeiten, die Verantwortung, die sie getragen hatte und ihre absolute Zuverlässigkeit besonders zu betonen, denn das sind die Eigenschaften, die für ihre künftigen Auftraggeber besonders wichtig sind.

Werbeagentur Markwart & Knieber

Frau Angela Bauer war vom 1.1.1989 bis zum 30.9.1994 bei unserem Unternehmen als Assistentin unseres Creative Directors beschäftigt. Ihre Fähigkeit, die vielfältigen, oft unter großem Zeitdruck zu erledigenden Aufgaben absolut zuverlässig, einwandfrei und termingerecht zu erfüllen, waren eine entscheidende Entlastung für ihren Vorgesetzten. Dazu gehörte natürlich auch die Korrespondenz mit unseren Kunden, aber vor allem auch die alleinverantwortliche Vorbereitung und Gestaltung unserer Kundenpräsentationen, von denen letztendlich die Vergabe der Etats mit abhängt. Auch die Planung und Vorbereitung unserer Kundenveranstaltungen lagen in der Hand von Frau Bauer und sie zeigte auch hier ihr ausgeprägtes Organisationstalent und ihren Sinn für ein ausgewogenes Verhältnis von Kosten und Ergebnis.

Wir können Frau Bauer sehr gerne als eine außerordentlich fähige, erfahrene und belastbare Mitarbeiterin empfehlen und sind gerne jederzeit bereit, diese Referenz persönlich zu bestätigen.

Beruflicher Hintergrund

Bei dem Schritt in die Selbstständigkeit sollte die Darstellung eines beruflichen Werdeganges niemals in der Form eines Lebenslaufs, wie sie für Bewerbungen üblich sind, präsentiert werden. Auch Angela Bauer behält immer die Überlegung im Hinterkopf, welche Informationen bei der Beschreibung für ihre potentiellen Auftraggeber wirklich wichtig sind und was sie möglicherweise von ihrer Konkurrenz unterscheidet. Ein Beispiel hierfür ist ihre sehr vielfältige Erfahrung, vor allem im Umgang mit verschiedenen Grafikprogrammen.

Sekretariatsservice Angela Bauer – Kompetenz aus Erfahrung

Ausbildung: Industriekauffrau 1980 – 1982

Berufliche Erfahrung: 17 Jahre in verschiedenen Sekretariats- und
                         Assistenzaufgaben.

Zuletzt 5 Jahre: Chefsekretärin eines internationalen Unternehmens.

Weiterbildung: 18. + 19.4.1989: „Organisation im Sekretariat"
                        4.3.1990:   „Konferenzmanagement"
                        27. + 28.8.1990: „Perfekte Geschäftskorrespondenz I"
                        3. + 4.2.1991:   „Perfekte Geschäftskorrespondenz II"
                        13.11.1991:   „Einführung in die Arbeit mit Textbausteinen"
                        12.5.1992:   „Der PC im Sekretariat"
                        14. – 16.4.1993: „PowerPoint Grundkurs"
                        29. + 30.2.1994: „Grundkurs Excel"
                        14.8.1994:   „Excel für Fortgeschrittene"
                        18.1.1995:   „PowerPoint für Fortschrittene"
                        17. +18.4.1996:   „Professionelle Präsentationsgestaltung"
                        17. + 18.7.1997: „Einführung Quark Xpress"
                        20. + 21.2.1998: „DeskTop Publishing für Profis"
                        13.9.1998:   „Einführung ins Internet"

Unternehmenskonzept

Angela Bauer ist sich darüber im Klaren, dass die besten Chancen für regelmäßige Aufträge in einem möglichst umfassenden Angebot liegt, das über die Arbeit eines reinen Schreibbüros hinausgeht. Deshalb wird sie ihr Unternehmenskonzept unter dem Motto *„Sekretariatsservice – professionell, sicher und zuverlässig wie Ihr eigenes Büro!"* aufbauen.

Sie kennt auf Grund ihrer langjährigen Erfahrung natürlich die immer wieder auftauchenden Engpässe in einem Sekretariat besonders gut, etwa bei der Planung von großen Konferenzen oder bei der Vorbereitung von Präsentationen. Selbst das effizienteste Sekretariat ist damit meist überfordert und trotz vieler Überstunden kann das Ergebnis darunter leiden. Andererseits sind solche Veranstaltungen nicht nur wichtig für das Unternehmen, sondern auch für die Position und das Image des Chefs.

Sekretariatsservice Angela Bauer: professionell, sicher und zuverlässig wie Ihr eigenes Büro!

– Terminsichere Erledigung aller Schreibaufträge mit modernstem Computerequipment.
– Professionelle Konferenzplanung von der Auswahl und Vorbereitung des Veranstaltungsortes, Hotelbuchungen über das Schreiben und Binden der Konferenzunterlagen bis zur Gästebetreuung.
– Aufbau und Gestaltung professioneller Präsentationsunterlagen mit modernsten Programmen für den Einsatz per Overheadprojektor oder Computerpräsentation.
– Qualitätssicherheit durch systematisches Vorbereitungsgespräch mit dem Auftraggeber und schriftliche Fixierung aller Auftragsbestandteile.
– Terminsicherheit durch langjährige Erfahrung und zuverlässige Kontakte zu anderen Dienstleistern.

Kundengewinnung

Angela Bauer hat im ersten Schritt eine Liste aller Unternehmen und derer Ansprechpartner zusammengestellt, mit denen sie im Rahmen ihrer beruflichen Tätigkeit schon zusammengearbeitet hat. Das sind natürlich zum einen ihre ehemaligen Arbeitgeber, aber auch deren Lieferanten und Kunden. Vor allem in den letzten Jahren, seit die Idee einer möglichen Selbstständigkeit in ihr gereift ist, hat Frau Bauer systematisch Visitenkarten gesammelt, die ihr jetzt sehr nützlich

Frühzeitig Kontakte knüpfen
Wenn Sie über Selbstständigkeit nachdenken, beginnen Sie frühzeitig, systematisch Adressen möglicher Kunden und Geschäftspartner zu sammeln. **Tipp**

sind. Insgesamt sind so rund 30 Adressen zustande gekommen, mit denen sie eine schwierige Hürde ihrer Selbstständigkeit schon genommen hat: Die Ansprechpartner kennen sie bereits. Sie ruft alle Unternehmen an, um sich zu vergewissern, dass ihre Ansprechpartner dort noch arbeiten. Ist das nicht der Fall, lässt sie sich den Namen des Nachfolgers geben.

Gekaufte Adressen nutzen
Angela Bauer hat sich zusätzlich von der IHK und der HWK die Adressen aller in ihrer Stadt ansässigen Unternehmen mit mehr als 100 Mitarbeitern besorgt. In ihrem Fall sind das die Adressen von insgesamt 250 Firmen. Die Auswahl von Unternehmen ab 100 Mitarbeitern entstand aus ihrer Überlegung, dass kleinere Unternehmen wohl kaum Bedarf an Konferenzorganisation oder der Gestaltung von Präsentationen haben und auch nicht das Geld, um einen professionellen Sekretariatsservice zu bezahlen.

Trotzdem wird sie diese kleineren Unternehmen nicht aus den Augen verlieren, sollte sich herausstellen, dass sie ihr eigenes Unternehmen nicht nur durch diese großen Aufträge finanzieren kann, sondern auch nach kurzfristigen Schreibaufträgen Ausschau halten muss .

Potentielle Kunden anschreiben
Angela Bauer wählt zu Beginn ihrer Selbstständigkeit den einfachsten und erfolgversprechendsten Weg der Kundenaquisition: Das Anschreiben ihrer ehemaligen Kontakte.

Diesem Schreiben legt sie nur das Unternehmenskonzept bei, da die Ansprechpartner sie ja bereits kennen. Unternehmen, bei denen ihr früherer Kontakt nicht mehr arbeitet, fügt sie auch die Übersicht über ihren beruflichen Hintergrund bei. Ihr wichtigstes Argument ist der Bezug auf ihre frühere berufliche Zusammenarbeit und damit ihr früherer Arbeitgeber. Ihr Brief ist aus diesem Grund wesentlich persönlicher, als er es bei einem Schreiben an ein unbekanntes Unternehmen sein würde.

**Statt März & Co. nun Sekretariatsservice Angela Bauer –
unverändert professionell!**

Guten Tag, Herr Seibert!

Vielleicht sagt Ihnen der Name Angela Bauer noch etwas – ich jedenfalls erinne-
re mich gerne an unsere angenehme Zusammenarbeit während meiner Tätigkeit
als Assistentin von Direktor Klausen bei März & Co.

Wie Sie schon aus der Überschrift erahnen können, habe ich mich inzwischen
selbstständig gemacht. Auch aus der Zusammenarbeit mit Ihnen weiß ich, wie
schwierig es oft ist, außergewöhnliche Aufgaben wie die Planung von Konferenzen oder die professionelle Gestaltung von wichtigen Präsentationsunterlagen mit
den durch das Tagesgeschäft völlig ausgelasteten Mitarbeitern zu bewältigen.
Deshalb bezieht sich mein Angebot genau auf diesen Bereich. Meine langjährige
Erfahrung und intensive Aus- und Weiterbildung bilden heute eine sichere Grund-
lage, alle Aufträge zuverlässig, professionell und termingerecht auszuführen.

Einen ersten Überblick über mein Angebot gibt Ihnen das beiliegende Unternehmenskonzept. Ich würde Ihnen gerne mehr über meinen Service bei einem persönlichen Gespräch erzählen und werde Sie deshalb in den nächsten Tagen anrufen.

Einen schönen Tag wünscht Ihnen

Angela Bauer

PS: Selbstverständlich steht Ihnen der Sekretariatsservice auch für die alltäglichen Aufgaben zur Verfügung – zum Beispiel zur Überbrückung von Engpässen in
der Urlaubszeit!

In diesem Brief spielt Angela Bauer natürlich ein wenig mit den Tatsachen, deshalb sind diese Briefe keine Serienbriefe. Zum einen muss sie
jeweils das Unternehmen erwähnen, in dem sie gearbeitet hat, zum anderen muss sie das Verhältnis, das sie zu den Ansprechpartnern gehabt
hat, berücksichtigen.

Die Formulierung, dass sie es auch aus der Zusammenarbeit mit dem
Angeschriebenen „weiß", wie dringend Entlastung bei außergewöhnli-

chen Aufgaben nötig ist, muss nicht unbedingt den Tatsachen entsprechen – sie soll nur eine Verbindung zu dem Adressaten herstellen und ihn ein wenig in eine Rolle als Lehrer oder Mentor für ihre Selbstständigkeit bringen.

Voraussetzung ist selbstverständlich, dass das Verhältnis freundschaftlich und die Zusammenarbeit für beide Seiten fruchtbar war. Wenn der Kunde von Frau Bauer ein begabter Querulant war, mit dem sie nichts als Ärger hatte, wird das natürlich nicht funktionieren.

Das zweite Beispiel eines Anschreibens ist ein „echter" Serienbrief, der an die 20 größten Unternehmen der Stadt verschickt werden soll. Frau Bauer möchte erst einmal die Resonanz auf ihr Anschreiben testen und gleichzeitig vermeiden, dass sie bei großem Interesse in Terminschwierigkeiten kommt.

Die richtigen Ansprechpartner hat sie telefonisch bei den jeweiligen Telefonzentralen herausgefunden. Da sie es hier mit Unbekannten zu tun hat, wendete sie sich wegen eines professionellen Textes an eine kleine Werbeagentur, die sie sich von der Werbeabteilung ihres ehemaligen Arbeitgebers empfehlen ließ. Zielsetzung dieses Briefes ist die Vereinbarung eines persönlichen Termines, um ihren Sekretariatsservice persönlich vorzustellen.

Um den potentiellen Kunden eine Reaktion zu erleichtern, liegt den Briefen eine Antwortkarte bei. Diese Karte lässt Frau Bauer gleich in einer höheren Auflage drucken, um Kosten zu sparen. Daher ist sie auch bewusst neutral gehalten: Sie enthält neben der Adressierung an das Schreibbüro und dem Vermerk „Gebühr zahlt Empfänger" Wahlmöglichkeiten auf der Vorderseite:

❏ Ich möchte mehr über Ihr Angebot erfahren. Bitte rufen Sie mich an:
Name: _____ Telefon:_____

❏ Ich möchte mehr über Ihr Angebot erfahren. Bitte stellen Sie Ihr
Unternehmen am _____ um _____ Uhr vor.

❏ Wir haben leider kein Bedarf an Ihrem Angebot.

_____   _____

Datum   Name

Der dazugehörende Brief sieht dann so aus:

**Professionell, sicher und zuverlässig wie Ihr eigenes Büro: Sekretariats-
service für besonders anspruchsvolle oder dringende Aufgaben**

Guten Tag, Herr Kunzmann!

Sie kennen das sicher: Da muss eine Konferenz geplant werden, von der vielleicht
sogar künftige Aufträge für Ihr Unternehmen abhängen und Sie haben eigentlich
auch sehr fähige Mitarbeiter, die diese Aufgabe bewältigen können. Doch diese
sind durch ihr Tagesgeschäft völlig ausgelastet. Oder Sie wollen für eine wichtige
interne oder externe Besprechung kurzfristig eine aussagekräftige Präsentation
ausarbeiten. Doch auch hier fehlen nicht nur die personellen Ressourcen, sondern
vielleicht auch die technischen Möglichkeiten, diese Präsentation professionell zu
gestalten.

Die Lösung ist einfach: Nutzen Sie die Möglichkeiten eines externen Sekreta-
riatsservices! Sie entlasten Ihre Mitarbeiter, befreien sich selbst vom Zeitdruck
und erhalten ein beeindruckendes, professionelles Ergebnis.

Denn auch wenn Ihre Mitarbeiter gerne bereit sind, Überstunden zu machen, um
die Aufgabe zu erfüllen – letztendlich kann leicht die Qualität darunter leiden,
wenn man unter Zeitdruck arbeiten muss. Deshalb lagern immer mehr Unternehmen solche Aufgaben einfach an externe Dienstleister aus – und profitieren von
deren Erfahrung und Professionalität! Aus den beiliegenden Unterlagen erhalten
Sie einen ersten Eindruck von unserem Angebot und Informationen zu meinem
beruflichen Hintergrund.

Viel überzeugender als alle Worte ist aber ein persönliches Gespräch und die Präsentation unserer Arbeit. Machen Sie uns doch einfach einen Vorschlag für einen Gesprächstermin mit der beiliegenden Antwortkarte. Wir freuen uns auf Ihre Antwort!

Mit freundlichen Grüßen

PS: Unsere Professionalität zeigt sich nicht nur bei den großen Aufgaben – auch im Kleinen, als Schreibbüro zur Entlastung Ihres Sekretariats, profitieren Sie von unserer Erfahrung!

Ergebnisse

Die Resultate der ersten beiden Aktionen sind noch nicht ganz zufrieden stellend. Zwar haben 11 der angeschriebenen Unternehmen, mit denen Angela Bauer bereits Kontakt hatte, sie zu einem persönlichen Gespräch eingeladen. Aber konkrete Aufträge sind daraus im Moment nicht entstanden. Frau Bauer hat zwar von den meisten Zusagen bekommen, bei künftigen Aufträgen berücksichtigt zu werden, aber diese möglichen Aufträge können noch einige Zeit auf sich warten lassen.

Von den 50 angeschriebenen unbekannten Unternehmen haben nach drei Wochen 15 geantwortet, dass sie an einer Präsentation interessiert sind – ein gutes Ergebnis. Konkrete Aufträge sind aber erst vier entstanden und alle für reine Schreibaufgaben. Damit hat Angela Bauer allerdings gerechnet, denn die Unternehmen wollen erst einmal bei einfacheren Aufgaben testen, wie gut ihr Angebot ist, bevor sie ein externes Unternehmen mit so wichtigen Aufgaben wie der Erstellung von Präsentationen oder der Organisation von Konferenzen beauftragen. Einige andere haben mitgeteilt, dass solche Aufgaben bei ihnen nicht anfallen.

Der zweite Werbebrief
Angela Bauer hat sich deshalb 6 Wochen nach der ersten Aktion zu einem weiteren Werbebrief entschlossen, der jeweils an zwei Adressen innerhalb der Unternehmen geht: Die Geschäftsleitung und die Werbeabteilung.

Bevor sie diesmal Adressen auswählt, hat sie bei der IHK, der HWK, in Zeitungsarchiven und bei den Fachverbänden der jeweiligen Branchen versucht herauszufinden, welche Unternehmen Konferenzen oder Messen veranstalten oder an solchen teilnehmen. Insgesamt ist sie dabei auf 53 Namen gestoßen, von denen 25 bereits in ihrem ersten Anschreiben abgedeckt sind. An die restlichen 28 sendet sie erneut ihren Werbebrief. Weil die Resonanz eigentlich ganz gut war, belässt sie den Text, wie er war. Außerdem telefoniert sie mit allen Ansprechpartnern eine Woche, nachdem sie den Brief abgeschickt hat, egal, ob sie eine Antwortkarte zurückbekommen hat oder nicht.

Gründliche Vorbereitung zahlt sich aus:
Von den meisten angeschriebenen Unternehmen wird Frau Bauer zu einem Gespräch eingeladen, und nach und nach kommen auch die ersten größeren Aufträge. Mit einem Unternehmen kann sie sogar einen ganzjährigen Servicevertrag abschließen, der diesem Unternehmen besondere Konditionen und bevorzugte Behandlung garantiert. Dafür erhält Angela Bauer alle Aufträge für ihren Service innerhalb des nächsten Jahres – voraussichtlich 3 bis 4 größere Messen, Präsentationen und 2 Schreibaufträge für Produkt-Handbücher.

Empfehlungsschreiben

Tipp

Lassen Sie sich von Kunden, für die Sie besonders erfolgreiche oder schwierige Aufträge ausgeführt haben, ein Empfehlungsssschreiben geben. Das überzeugt mehr als jedes Argument, das Sie selbst vorbringen.

Kosten richtig kalkulieren

Damit Frau Bauer den Überblick über die Kosten der Werbeaktion nicht verliert, stellt sie die Ausgaben in einer Übersicht dar:

Ausgabe	DM
Adresskauf von 250 Adressen bei IHK und HWK à DM 3,– pro Adresse	750,00
Porto für Briefe an vorhandene Kontakte: 30 × DM 3,00	90,00
Text für Serienbrief durch Werbeagentur	500,00
Druck von 100 Antwortkarten	200,00
Porto für Briefe an ausgewählte Adressen: 50 × DM 3,00	150,00
Porto und Nachgebühr für Antwortkarten bei Zahlung durch Empfänger: 15 × DM 1,10	16,50
Porto für Briefe an ausgewählte Adressen: 28 × DM 3,00	84,00
Porto und Nachgebühr für Antwortkarten bei Zahlung durch Empfänger: 11 × DM 1,10	12,10

Schlechte Presse für eine Kfz-Werkstatt

Ausgangssituation

Die Kfz-Werkstatt Kublan in Stuttgart hat bei einem Test eines großen Nachrichtenmagazins von Vertragswerkstätten großer Automobilhersteller sehr schlecht abgeschnitten. Nur 8 der 15 von den Testern eingebauten Fehler wurden gefunden. Das einzig Positive an dem Testergebnis sind die im Vergleich zu den Konkurrenzunternehmen der Stadt recht niedrigen Preise der Firma Kublan.

Doch die Auswirkungen der Testergebnisse sind gravierend: Etliche Kunden haben ihre Termine abgesagt und zwei große Unternehmen, für die Kublan den Firmenfahrzeug-Service macht, drohen mit der Kündigung ihrer Verträge. Zu allem Übel hat sich bereits die Lokalzeitung bei Herrn Kublan gemeldet und einen Bericht angekündigt.

Herr Kublan ist von den Ereignissen völlig überrascht. Seines Wissens hat es in den letzten Jahren keine größeren Reklamationen gegeben. Allerdings hat er sich mit seinen 61 Jahren bereits weitgehend aus dem Tagesgeschäft zurückgezogen und überlässt die Führung der Werkstatt seinem Meister, der den Betrieb auch übernehmen wird.

Schadensanalyse

Als erstes setzt sich Herr Kublan mit der Redaktion des Nachrichtenmagazins in Verbindung und findet heraus, wann die Tester in seinem Unternehmen waren und unter welchem Namen der Wagen repariert wurde. Anhand der Dienstpläne und der Rechnungen dieses Tages kann er feststellen, von wem die Reparatur des Testfahrzeuges durchgeführt wurde. Es handelt sich um einen langjährigen, erfahrenen Mitarbeiter und einen Auszubildenden im 3. Lehrjahr.

Zusammen mit seinem Meister führt er ein Gespräch mit den beiden. Es stellt sich heraus, dass der ältere Mitarbeiter die Begutachtung und Reparatur des Wagen fast völlig seinem Lehrling überlassen hatte, weil er es für einen Routinefall hielt und an diesem Tag sehr viel zu tun war.

Tipp

Bestandsaufnahme vornehmen

Prüfen Sie bei schlechten Pressenachrichten über Ihr Unternehmen, wie es zu den beanstandeten Mängeln kommen konnte. Planen Sie konkrete Maßnahmen, die Ihre Arbeit verbessern.

Dieses Vorgehen verstößt gegen die Sorgfaltspflicht und trotz der langjährigen Beschäftigung bei der Firma Kublan wird dem Meister eine schriftliche Abmahnung angekündigt. Da nicht auszuschließen ist, dass es sich dabei um keinen Einzelfall handelt, beauftragt Herr Kublan seinen Meister, alle Reklamationen der letzten beiden Jahren herauszusuchen.

Der nächste Schritt ist ein Anruf bei der Lokalzeitung. Herr Kublan macht dem zuständigen Redakteur klar, dass bei weiteren negativen Berichten die Existenz seines seit über 30 Jahren bestehenden Unternehmens mit 15 Mitarbeitern, darunter 5 Auszubildende, gefährdet ist. Er erläutert auch die Ergebnisse seiner bisherigen Nachforschungen. Glücklicherweise erhält er die Zusage des Redakteurs, einen neutralen Bericht zu schreiben, in dem auch die Maßnahmen zur Qualitätssicherung, die ihm Herr Kublan erläutert hat, erwähnt werden.

Den Schaden begrenzen

Herr Kublan schlägt den beiden Unternehmen, mit denen er einen Servicevertrag hat, vor, alle Fahrzeuge innerhalb der nächsten 14 Tage kostenlos zu überprüfen. Des weiteren informiert er sie, dass er ein neues Servicekonzept ausarbeiten wird, um die Qualität der Arbeit seiner Mitarbeiter zu sichern.

Tipp

Nutzen Sie Reklamationen positiv

Wenn Sie Ihre Kunden über Mängel informieren müssen, machen Sie gleichzeitig klar, dass Sie aus Ihren Fehlern gelernt haben. Erklären Sie Ihren verbesserten Service.

Um einer möglicher Reklamations- oder Regressforderungswelle zuvorzukommen, schreibt Herr Kublan zunächst alle Kunden an, die in den letzten 2 Jahren Grund zu Reklamationen gehabt haben. Insgesamt sind das 24 Fälle. In diesem Brief wird allerdings der negative Pressebericht nicht erwähnt, hier geht es zunächst darum, mit einem besonders guten Angebot erst einmal „gutes Wetter" zu machen.

Kostenloser Rundum-Check für Ihren Wagen

Sehr geehrter Herr Kilmann,

Wir sind zur Zeit dabei, ein neues Service-Konzept für unsere Kunden einzuführen. Dazu gehört das so genannte „Vier-Augen-Prinzip". Das heißt, Ihr Fahrzeug wird künftig immer von zwei Fachleuten begutachtet. Dies gewährleistet Ihnen eine noch größere Diagnose-Sicherheit. Das Ergebnis dieser Begutachtung wird auf jeden Fall schriftlich festgelegt und ist dann die Basis für eine Reparatur.

Da Sie leider im vergangenen Jahr Grund zu einer Reklamation hatten, möchten wir Sie einladen, unser neues Service-Konzept als erster kostenlos zu testen. Bitte rufen Sie unseren Werkstatt-Meister Herrn Müller an, und vereinbaren Sie einen Termin.

Wir bedanken uns für Ihr Vertrauen.

Mit freundlichen Grüßen

Ihre Kfz-Werkstatt Heinrich Kublan

Dieser Brief ist ein Serienbrief mit einigen individuellen Variablen. Neben dem Namen des Kunden ist natürlich der Zeitraum, wie lange die Reklamation zurückliegt, unterschiedlich. Der Redakteur der Lokalzeitung bekommt von diesem Brief wie auch von dem folgenden eine Kopie. So ist er darüber informiert, dass sich das Unternehmen wirklich bemüht, den Schaden wieder gutzumachen und ähnliche Fälle künftig zu verhindern.

Als Nächstes gilt es, Farbe zu bekennen und alle Kunden der Werkstatt anzuschreiben, um zu dem negativen Pressebericht Stellung zu nehmen. Auch wenn Herr Kublan damit das Risiko eingeht, schlafende Hunde zu wecken: Die meisten, die den Bericht in dem sehr weit verbreiteten Nachrichtenmagazin nicht schon gelesen haben, werden in dem in wenigen Tagen erscheinenden Bericht in der Lokalzeitung ohnehin davon erfahren. Der Brief ist „Chefsache": Herr Kublan als Besitzer der Kfz-Werkstatt wendet sich persönlich an seine Kunden.

Testbericht des „Stern" über Vertragswerkstätten

Guten Tag, sehr geehrter Herr Kienzler!

Vermutlich haben Sie den Testbericht in der jüngsten Ausgabe des Stern bereits selbst gelesen oder von anderer Seite davon erfahren. Leider ist mein Unternehmen in diesem Bericht weitgehend negativ bewertet worden.

Sie haben in den vielen Jahren, in denen Sie bereits bei uns Kunde sind, jedoch sicher feststellen können, dass die Kfz-Werkstatt Kublan qualitativ hochwertige Arbeit leistet – und das zu fairen Preisen. Unsere Preisgestaltung ist im Übrigen in dem Testbericht positiv erwähnt worden. Da ein Qualitätsanspruch für mich sehr wichtig ist, hat mich dieses Testergebnis sehr betroffen gemacht. Deshalb habe ich persönlich die Untersuchung der Ursachen in die Hand genommen. Ich kann Ihnen heute mit Sicherheit sagen, dass dies sowohl ein Zusammentreffen unglücklicher Umstände war, als leider auch menschliches Versagen.

Wir haben dieses Ereignis aber auch zum Anlass genommen, unsere interne Organisation zu überdenken und ein modernes Service-Konzept zu entwickeln. Dazu gehört das so genannte „Vier-Augen-Prinzip". Das heißt, Ihr Fahrzeug wird künftig immer von zwei Fachleuten begutachtet. Dies gewährleistet Ihnen eine

---

noch größere Diagnose-Sicherheit. Das Ergebnis dieser Begutachtung wird auf jeden Fall schriftlich festgelegt und ist dann die Basis für eine Reparatur.

Sie sehen – wir haben eine Lösung entwickelt, die Ihnen die größtmögliche Sicherheit und Zuverlässigkeit bietet. So wie Sie es von einem Fachbetrieb des Kfz-Handwerks erwarten können.

Ich bedanke mich für Ihr Vertrauen. Bitte rufen Sie mich jederzeit an, wenn Sie weitere Informationen zu dieser Angelegenheit benötigen.

Mit freundlichen Grüßen

Ihre Kfz-Werkstatt Heinrich Kublan

Das können Sie schriftlich haben:
Perfekter Service vom Fachmann!

Am Samstag, den 11. Februar stellen wir Ihnen unser neues Service-Konzept vor: Bei uns wird Ihr Wagen immer von 2 Fachleuten unabhängig voneinander geprüft. Und das Ergebnis halten wir in einem Protokoll schriftlich fest. So wissen Sie immer ganz genau, welche Reparaturen nötig sind.

Und genau diese führen wir dann aus – nicht mehr und nicht weniger! Was wir sonst noch zu bieten haben, zeigen wir Ihnen gerne an unserem Tag der offenen Tür. Unsere Fachleute geben Ihnen Tipps für die „erste Hilfe" bei einer Panne, und Ihr Nachwuchs darf sich am Computer beim Autorennen spannende Wettkämpfe liefern.

Ja!
Wir kommen am 11.9.1999 zum Tag der offenen Tür!

Wir freuen uns auf Sie!

Absender:

**Ihre Kfz-Werkstatt
Heinrich Kublan**

Bitte auf Postkarte an:
Firma Heinrich Kublan, Merkerweg 11, 70189 Stuttgart.

Abb.: Anzeige mit Coupon

Der letzte Schritt zur Krisenbewältigung wird die Schaltung einer Anzeige in der Lokalzeitung sein, die den Bericht über den Testbericht bringen wird. Darin wird das neue Service-Konzept vorgestellt und zu einem Tag der offenen Tür eingeladen. Anhand eines Coupons können sich die Interessenten anmelden. Dies erleichtert Herrn Kublan zum einen die Planung, zum anderen kann er feststellen, wer von seinen Kunden kommen wird und ob bei dieser Aktion vielleicht sogar neue Kunden gewonnen werden können.

Zeit- und Kostenplan

So sieht der Zeit- und Kostenplan der Ereignisse aus – und die darauf folgenden Aktionen.

Termin	Aktion	Kosten
Do 21.1.	Testbericht im „Stern"	
Fr 22.1.	– Anruf in der Redaktion des „Stern"/ Feststellen der verantwortlichen Mitarbeiter – Anruf der Lokalzeitung: Bericht geplant – Erste Absagen von Kunden – 2 Unternehmen drohen mit Stornierung des Service-Vertrages	
Sa 23.1.	– Mitarbeitergespräch	
Mo 25.1.	– Anruf bei der Lokalzeitung und Zusage über neutralen Bericht – Gespräch mit den Vertrags-Unternehmen/Information über die geplanten Maßnahmen	
Di 26.1.	– Brief an Kunden mit Reklamationen: 24 × DM 1,10	DM 26,40
Mi 27.1.	– Brief an alle Kunden: Information über Pressebericht 150 × DM 1,10	DM 165,00
Sa 30.1.	– Bericht der Lokalzeitung in der „Auto&Verkehr-Beilage"	

Sa 6.2.	– Anzeige in der Lokalzeitung: Neues Servicekonzept/Tag der offenen Tür	DM 2.500,00
Mo 9.2. – Fr 12.2.	– 52 Coupon-Rückläufe	
Sa 13.2.	– Tag der offenen Tür mit rund 200 Gästen	DM 5.000,00

Einzelhandelsgeschäft verliert Kunden durch Konkurrenz

Ausgangssituation

In der 10.000 Einwohner-Gemeinde Dalberg führt die Familie Wiegand in der zweiten Generation ein Lebensmittelgeschäft. Da in der eher ländlichen Gegend wenig Arbeitsmöglichkeiten bestehen – außer in der Landwirtschaft –, sind viele junge Leute in größere Städte abgewandert.

Die Tatsache, dass die Bevölkerung einen hohen Anteil an älteren Menschen hat, war bisher vorteilhaft für Lebensmittel-Wiegand – sie kauften lieber vor Ort ein, als in die Einkaufszentren der größeren Gemeinden zu fahren. Vor zwei Jahren hat die Gemeinde Dalberg es jedoch geschafft, durch die Ausweisung eines großen Misch-Baugebietes die Ansiedlung der Niederlassung eines großen Software-Herstellers ebenso zu erreichen wie die einer Sportgeräte-Firma. In dem ebenfalls entstandenen Neubaugebiet haben sich viele der rund 1.000 neuen Arbeitnehmer niedergelassen.

Seit einem halben Jahr befindet sich dort auch ein großer Supermarkt – mit verheerenden Folgen für Lebensmittel-Wiegand. Selbst für ältere Leute ist der Supermarkt, dank einer neuen Busverbindung, gut zu erreichen. Die Wiegands haben in der Folge fast 50 % ihrer Kunden verloren, da ihre Preise zwar nicht allzu viel höher liegen, aber das Angebot des Supermarktes wesentlich umfangreicher ist und nicht nur Lebensmittel umfasst. Die Existenz des Geschäftes ist akut gefährdet.

Lösungsansätze suchen

Die derzeitigen Besitzer von Lebensmittel-Wiegand, das Ehepaar Rainer und Simone Wiegand, sind noch relativ jung – beide sind 42 Jahre alt. Sie haben auch in der Vergangenheit durchaus keinen verstaubten Tante-Emma-Laden geführt, sondern sind mit ihren Produkten durchaus auf dem neuesten Stand. Deshalb ist ihnen auch klar, dass sie jetzt für ihr Geschäft eine Idee finden müssen, die ihren Laden gegenüber dem Supermarkt wieder attraktiv macht.

Attraktives Angebot bieten

Dieses Angebot muss einerseits für die älteren Menschen interessant sein, damit sie wieder als Kunden zurückkommen, andererseits aber auch die zahlungskräftigen jungen Neubürger anziehen. In den vergangenen Monaten haben sich die Wiegands immer wieder in dem Supermarkt umgesehen, sie haben Gespräche mit ihrer zuständigen IHK geführt und einige Marketing-Seminare besucht, die von dem Direktmarketing-Center der Post AG in Kassel und von ihrer Bank veranstaltet wurden.

Aus den gesammelten Informationen ist die folgende Idee entstanden: Lebensmittel-Wiegand hat sich um eine Lotto-Agentur beworben und auch erhalten. Es gibt zwar in Dalberg schon zwei Annahmestellen, aber eine dritte ist gemessen an der Einwohnerzahl nicht zu viel. Für die Wiegands stehen ohnehin nicht die Einnahmen aus der Annahmestelle im Vordergrund, sondern die Möglichkeit, gerade die älteren Menschen damit zu locken, dass sie ihren Lottotipp gleich beim Lebensmittelkauf abgeben können.

Produktangebot gezielt ausbauen

Als weitere Maßnahme haben die Wiegands ihr Produktangebot etwas erweitert und speziell auf die Bedürfnisse älterer Menschen zugeschnitten. Dazu gehört eine Ecke mit einer großen Auswahl frei verkäuflicher Arzneimittel und bestimmter Produkte aus dem Sanitärbereich. Diese Produkte bietet zwar auch der Supermarkt an, aber das Angebot von Wiegand wurde noch um einen besonderen Service ergänzt:

Sie haben in dieser „Gesundheitsecke" eine Mini-Bibliothek mit Gesundheitsratgebern eingerichtet. Das Besondere dabei: Diese Bücher sind nicht nur zu kaufen, sondern auch gegen eine geringe Gebühr auszuleihen. Um das Ganze abzurunden, haben sie auch die Gesundheitszeitschriften aus ihrer Zeitungsauslage herausgenommen und dieser Ecke zugeordnet. Damit haben sie einige interessanten Angebote für ältere Leute geschaffen.

Junge Leute als Kunden gewinnen

Bleibt noch das besondere Angebot für die jüngeren Menschen. Durch einen nicht sehr aufwendigen Umbau des Ladens sind die Regale nun sozusagen um einen „Marktplatz" in der Mitte des Ladens angeordnet. Genau das ist auch die Idee: Auf diesem Marktplatz befindet sich nicht nur generell das Angebot an frischem Obst und Gemüse, sondern die Wiegands werden dort jeden Monat einen neuen Schwerpunkt gestalten. Den Anfang macht das Thema „Italien". Neben den landestypischen Obst- und Gemüsesorten werden dort auch italienische Weine zu finden zu sein.

In Zusammenarbeit mit einem Blumengeschäft im Ort wird eine mediterrane Dekoration entstehen und der örtliche Plattenladen eröffnet eine „Mini-Zweigstelle" mit italienischer Musik. Einen ganz besonderen Gag haben sich die Wiegands noch für die Information ihrer potentiellen Kunden per Werbebrief ausgedacht: Dem Anschreiben wird ein Blatt mit italienischen Kochrezepten beigelegt – als kleines „Geschenk" ebenso gedacht wie als Anreiz zum Einkaufen.

Werbeaktionen

Die Vorstellung des neuen Lebensmittel-Wiegand erfolgt in zwei Schritten: Zunächst mit einem Werbebrief an alle Haushalte in Dalberg, in dem das neue Angebot allgemein vorgestellt wird.

Frische und Gesundheit liegen jetzt ganz nahe

Liebe Dalberger!

Ein gute Auswahl und faire Preise waren für Ihren Lebensmittelmarkt Wiegand schon immer selbstverständlich. Jetzt finden Sie bei uns noch mehr: Ein ganz spezielles Angebot rund um die Gesundheit mit einer großen Auswahl frei verkäuflicher Medikamente, Tees und vielem anderen. Das Besondere: In unserer Gesundheitsecke können Sie sich auch gleich über Wissenswertes zum Thema Gesundheit informieren! Wir haben eine kleine Auswahl interessanter Ratgeber für Sie zusammengestellt. Und das Schönste dabei: Diese Ratgeber können Sie auch ausleihen!

Doch Ihr Lebensmittel Wiegand bietet Ihnen jetzt noch mehr: Jeden Monate entführen wir Sie in ein kleines Paradies – unseren neuen „Marktplatz". Hier finden Sie leckere Angebote zu einem bestimmten Thema. Neugierig? Mehr dazu bald in Ihrer Hauspost!

Entdecken Sie Lebensmittel Wiegand neu: nah, frisch & immer neue Angebote!

Wir freuen uns auf Ihren Besuch.

Ihr
Lebensmittelmarkt Wiegand

Simone und Rainer Wiegand

PS: Bei Wiegand sind Sie jetzt auch Ihrem Glück etwas näher: Ab 17. Mai haben wir eine Lotto-Annahmestelle im Laden!

Zwei Wochen später und dann einmal monatlich jeweils am ersten Donnerstag (aus der Überlegung heraus, dass am Monatsanfang das Geld noch lockerer sitzt und man zum Wochenende eher ein größeres Essen plant) geht ebenfalls an alle Haushalte ein Brief mit der jeweiligen „Marktplatz"-Aktion.

Da es sich um eine Postwurfsendung handelt, lässt sich der Termin Donnerstag natürlich nicht hundertprozentig einhalten. Die Wiegands liefern ihre Briefe am Dienstag ein und meistens erfolgt die Zustellung dann tatsächlich am Ende der Woche. Nach drei Monaten, als der Erfolg sich abzuzeichnen beginnt, steigen die Wiegands auf die Postwurfsendung „An alle Haushalte per Tagespost" um, die dann zwar nicht alle Dalberger erreicht, aber dafür statt der 0,19 DM auch nur 0,10 DM pro Brief kostet.

Italien liegt jetzt ganz nahe – lassen Sie sich überraschen!

Liebe Dalberger!

Werden bei Ihnen auch Urlaubserinnerungen wach bei dem Gedanken an Pizza, Pasta und den herrlichen dunklen Rotwein? Oder lieben Sie das italienische Essen ganz einfach, weil es so lecker, gesund und abwechslungsreich ist?

Was immer Sie mit Italien verbinden – dies und viele weitere köstlichen Anregungen finden Sie im Juni auf unserem „Marktplatz": Alle Zutaten für echt italienische Menüs und die dazugehörigen hervorragenden italienischen Weine. Wenn Sie sich noch mehr in „italienische Stimmung" bringen wollen: Auch die passende Musik gibt es hier.

Möchten Sie einmal etwas Neues ausprobieren? Dann nehmen Sie doch einfach unsere beiliegende Anregung auf: Das Menü „Italienischer Sommer".

Wir wünschen Ihnen „Guten Appetit" und freuen uns auf Ihren Besuch!

Ihr
Lebensmittelmarkt Wiegand

Simone und Rainer Wiegand

Italienischer Sommer – Menü für 4 Personen

Mozzarella e pomodori
500 g italienische Fleischtomaten
300 g Mozzarella
1 Töpfchen Basilikum
Salz und schwarzer Pfeffer frisch aus der Mühle
Olivenöl, kalt gepresst, extra vergine

Zubereitung
Tomaten und Mozzarella in Scheiben schneiden, abwechselnd dachziegelartig auf einer Platte auslegen. Basilikum grob schneiden und großzügig über Tomaten und Käse streuen. Salzen und Pfeffern. Mit Olivenöl beträufeln.

Saltimbocca alla Romana

4 große Kalbsschnitzel, etwa $1/2$ cm dick
8 dünne Scheiben Schinkenspeck
8 frische Salbeiblätter
1 Gläschen Marsalawein
Salz und weißer Pfeffer
3 Esslöffel Öl

Zubereitung
Schnitzel leicht salzen und pfeffern, mit je einem Salbeiblatt und 1 Scheibe Schinkenspeck belegen. Der Länge nach zusammenklappen. Den restlichen Speck und die Salbeiblätter auf die zusammengeklappten Schnitzel legen und alles mit Holzspießchen feststecken.
Schnitzel in dem Öl von jeder Seite ca. 4 Minuten braten, aus der Pfanne nehmen und warm stellen. Bratensatz mit dem Marsala lösen und die Sauce über die Schnitzel träufeln.
Dazu schmeckt hervorragend Blattspinat und italienisches Ciabatta Weißbrot.

Crema di mascarpone agli amaretti

100 g Amaretti (Mandelmakronen)
3 Esslöffel Amarettolikör
4 Eier
50 g Zucker
200 g Mascarpone
4 kandierte Kirschen

Zubereitung
Amaretti zerdrücken und mit dem Likör tränken. Eier trennen. Aus dem Eigelb und Zucker eine Creme rühren. Mascarpone und Amarettibrösel unterziehen.
Eiweiß steif schlagen und unter die Creme heben. Creme in vier hohe Gläser füllen und mit einer Kirsche garnieren. Mindestens 1 Stunde kühl stellen.

Guten Appetit!

Zeit- und Kostenplan erstellen

Da die Familie Wiegand ihre Kunden regelmäßig über die neuesten Angebote informieren möchte, nutzt sie die verschiedenen Möglichkeiten der Postwurfsendungen. Selbstverständlich müssen solche Aktionen nicht nur zeitlich, sondern auch kostenmäßig genau geplant werden.

Termin	Aktion	Kosten
11. Mai	Postwurfsendung „Neues Angebot" an alle Haushalte in Dalberg: 3.206 × DM 0,19	DM 609,14
3. Juni	Postwurfsendung „Italienischer Markt" an alle Haushalte: 3.206 × DM 0,19	DM 609,14
2. Juli	Postwurfsendung „Schlemmen wie in Frankreich" an alle Haushalte: 3.206 × DM 0,19	DM 609,14
6. August	Postwurfsendung „Welcome America" an alle Haushalte in Dalberg: 3.206 × DM 0,19	DM 609,14
3. September	Postwurfsendung „Karibische Träume" an alle Haushalte mit Tagespost: 2.117 × DM 0,10	DM 211,70
1. Oktober	Postwurfsendung „Erntedank" an alle Haushalte mit Tagespost: 2.117 × DM 0,10	DM 211,70
5. November	Postwurfsendung „Servus Österreich" an alle Haushalte mit Tagespost: 2.117 × DM 0,10	DM 211,70
3. Dezember	Postwurfsendung „Weihnachten in Skandinavien" an alle Haushalte mit Tagespost: 2.117 × DM 0,10	DM 211,70

Andere Wege gehen

Die meisten Menschen verbinden mit dem Begriff Direktmarketing nur Werbebriefe. Doch grundsätzlich ist damit jede Form von Werbung gemeint, die sich direkt an den Kunden wendet und ihm eine Möglichkeit zur Antwort gibt. Das schließt zum Beispiel Anzeigen, Beilagen in Zeitungen und Zeitschriften und Plakate mit ein, aber auch Fernseh- oder Funkwerbung kann Direktwerbung sein.

Bei der folgenden näheren Betrachtung werden diese letzten beiden Möglichkeiten ausgeschlossen, weil sie schlicht und einfach zu teuer für Jungunternehmer sind und sich kaum auf eine bestimmte Zielgruppe ausrichten lassen.

Anzeigen – nur gut geplant sinnvoll

Die typische Direktmarketing-Anzeige ist die sogenannte Couponanzeige. Das bedeutet, dass in der Anzeige ein Abschnitt erscheint, den der Kunde aus- oder abschneiden und an den Inserenten zurücksenden kann. Damit können je nach Zielsetzung des Unternehmens, Prospekte angefordert, ein Besuchstermin gewünscht oder auch direkt Produkte bestellt werden. Das Schöne an dieser Form der Anzeige ist, dass Sie durch die Antworten unmittelbar feststellen können, ob Ihre Werbung auch Erfolg hat.

Das weniger Vorteilhafte an dem Werbemittel „Anzeige" sind allerdings die Kosten. Anzeigen sind grundsätzlich keine billigen Angelegenheiten, und die Einbeziehung eines Coupons setzt eine gewisse Größe voraus. Außerdem ist es sehr wichtig, dass Ihre Coupon-Anzeige in der Ecke oder zumindest am Rand einer Seite platziert wird – aus nahe liegenden Gründen: Versuchen Sie mal, eine Anzeige mitten aus der Zeitung auszuschneiden. Allein die Mühe, die das macht, würde bei vielen Menschen schon verhindern, dass sie auch nur einen Versuch unternehmen.

Wählen Sie das richtige Medium

Der deutsche Blätterwald macht Ihnen das Leben nicht gerade leicht: Es gibt rund 4.000 Zeitschriften und rund 370 Tageszeitungen in Deutschland. Welche Zeitung eignet sich für Ihre Zwecke?

Tageszeitung

Wenn Sie sich mit Ihrem Unternehmen in einem regional begrenzten Gebiet, etwa Ihrer Stadt, bewegen, scheint sicherlich die örtliche Tageszeitung das nahe liegende. Schließlich machen so viele dort Werbung und was so viele machen, kann ja nicht ganz verkehrt sein, oder? Leider gehen Sie, wie so viele andere Unternehmen davon aus, dass sich irgend jemand für Ihr Angebot interessiert und deshalb geradezu darauf wartet, Ihre Anzeige zu entdecken.

Genau das Gegenteil ist der Fall: Niemand, außer den Werbetreibenden selbst, interessiert sich zunächst wirklich für Werbung. Dieses Interesse müssen Sie erst wecken. Je näher der Platz, an dem Ihre Werbung steht, den Interessen Ihrer Zielgruppe ist, umso leichter ist das.

Beispiel

Wenn Sie eine Immobilienfirma haben, werden Sie Ihre Anzeigen natürlich unter den Immobilienangeboten platzieren. Dort schauen logischerweise nur Leute nach, die sich für Immobilien interessieren – also schon mal eine gute Voraussetzung. Das Problem sind allerdings die 2.000 anderen Anzeigen auf diesen Seiten, gegen die Sie sich durchsetzen müssen.

Bei Tageszeitungen werden die meisten Anzeigen nach Themen zusammengefasst, wie beispielsweise die oben erwähnten Immobilienanzeigen. Wenn Sie als Handwerker ein Angebot machen, werden Sie auf einer „Technik-Seite" oder Ähnlichem landen, wieder mit der entsprechenden Konkurrenz. Um überhaupt Ihren potentiellen Kunden zu erreichen, muss dieser auf die Idee kommen, in diesen Seiten nach einem Angebot zu suchen – und nicht einfach das Branchenbuch aufzuschlagen.

Die oben erwähnte „Technik-Seite" beinhaltet aber auch zahllose Unternehmen mit sehr unterschiedlichen Angeboten, somit ist auch die Gefahr, dass Ihre Anzeige dabei übersehen wird oder die Leser ihre Suche genervt aufgeben, relativ groß.

Fachzeitschriften

Die wichtigste Voraussetzung für den Erfolg Anzeige ist das Interesse des potentiellen Kunden an einem bestimmten Thema. Hier bieten sich die unzähligen Fachzeitschriften in Deutschland an. Ob Sie Schachspieler, Katzenfreunde, Münzsammler, Architekten, Bauherren oder Computerfans ansprechen wollen – es gibt für jede Berufs- und Interessengruppe mindestens eine Fachzeitschrift, häufig sogar mehrere.

Zudem geben viele Berufsverbände eigene Zeitschriften heraus, wie beispielsweise das „Architektenblatt". Der Nachteil der Fachzeitschriften liegt darin, dass sie in der Regel nicht regional belegbar sind. Wenn Sie ohnehin bundesweit arbeiten, ist das sicherlich kein Hindernis. Ansonsten stehen aber die Kosten in keinem Verhältnis zu der Anzahl der potentiellen Kunden, die Sie tatsächlich erreichen können – der berüchtigte Streuverlust.

Mit Streuverlust bezeichnet man die Zahl von Menschen, die Sie durch Ihre Werbung zwar erreichen, die aber nicht interessant für Sie sind, beziehungsweise, die sich nicht für Sie interessieren. Das kann zum einen schlicht geographische Gründe haben, wie in dem Beispiel Fachzeitschriften, oder aber mit der Art der Leserschaft einer Zeitschrift, oder Zeitung an sich zusammenhängen, beispielsweise bei Tageszeitungen. Natürlich sind unter den Lesern auch Ihre potentiellen Kunden, aber unter den 20.000 Lesern der Tageszeitung sind das vielleicht nur 200.

Streuverluste reduzieren
Der Streuverlust ist bei der Beurteilung jedes Werbemediums wichtig. Wenn Sie sich unter diesem Aspekt Werbebriefe ansehen, werden Sie feststellen, dass sich bei bestimmten Formen dieser Streuverlust auf Null reduzieren lässt: Je genauer Sie Ihre Zielgruppe kennen und je besser Ihr Adressmaterial ist, desto weniger Streuung tritt auf.

Zurück zu den Fachzeitschriften: Grundsätzlich sind diese kein schlechtes Medium, wenn Sie bereit sind, den Streuverlust in Kauf zu nehmen. Doch auch hier können die hohen Kosten ein Hindernis für Sie bedeuten.

Tipp

Media-Daten anfordern

Fordern Sie von den Anzeigenabteilungen der Verlage die Media-Unterlagen an. Dort finden Sie Angaben über die Auflage der Zeitschrift, also wie viele Exemplare von dieser Zeitschrift verkauft bzw. verbreitet wurden und die Preisliste der verschiedenen Anzeigengrößen.

Entscheiden Sie sich trotzdem für dieses Medium, stellt sich noch die Frage, welche der vielen Fachzeitschriften Sie auswählen sollen.

Wollen Sie einfach nur die größte Fachzeitschrift in Ihrer Branche, ist die Suche nach dem richtigen Medium schnell beendet. Schauen Sie sich die in Frage kommenden Zeitschriften genau an, wenn Sie nicht sicher sind, wo Ihre Anzeige am Besten platziert ist. So bekommen Sie einen Eindruck davon, in welcher Zeitung Ihr Angebot am besten aufgehoben ist. Oft haben diese Magazine bestimmte Schwerpunkte oder einfach einen gewissen Stil, der Ihrer Zielgruppe am meisten zusagt.

Zusätzlich kann noch die Erscheinungsweise der Zeitschriften eine Rolle spielen. Ein Vorteil von Fachzeitschriften gegenüber Tageszeitungen ist, dass sie nicht nur einen Tag aktuell sind, sondern eine Woche, vierzehn Tage, einen Monat oder sogar noch über einen längeren Zeitraum – je nach Erscheinungsweise. Das bedeutet natürlich auch, dass Ihre Anzeige ebenso lange dort zu sehen ist.

Müssen Sie erst herausfinden, welche Fachzeitschriften es auf Ihrem Gebiet gibt? Meistens werden Sie die wichtigsten ohnehin schon kennen. Nutzen Sie das Zeitschriftenangebot einer größeren Bahnhofs-Buchhandlung oder einer Stadtbibliothek vor Ort für Ihre Recherche.

Kammerzeitschriften

Eine besondere Form der Fachzeitschriften sind die Magazine der Industrie- und Handwerkskammern. Ein sehr interessantes Medium, sofern Sie Unternehmen ansprechen wollen.

Zum einen erhalten alle Unternehmen in dem jeweiligen Kammerbezirk diese meist monatlichen Zeitschriften automatisch, zum anderen laufen die Zeitschriften sehr oft durch die Unternehmen, das heißt, sie werden von Abteilung zu Abteilung an die Mitarbeiter weitergereicht.

Natürlich haben Sie hier einen großen Streuverlust, sofern sich Ihr Angebot nur an eine bestimmte Branche richtet, aber die meist günstigen

Anzeigenpreise machen diesen Streuverlust erträglich. Wollen Sie dagegen mit Ihrem Angebot alle Unternehmen erreichen oder zumindest einen großen Teil, wie bei dem Beispiel Schreibbüro im Kapitel Kundengewinnung, ist es nahezu ideal, in Kammerzeitschriften zu inserieren.

Im Allgemeinen werden Ihre Ansprechpartner für diese Zeitschriften Werbeagenturen oder Druckereien sein, die die Vermarktung der Zeitschrift übernommen haben. Die entsprechenden Unternehmen wissen meist schon die Telefonzentralen. Ein besonderer Vorteil dieser Zeitschriften ist ihre Zirkulation innerhalb eines Unternehmens: Sie werden sehr oft mit der Hauspost von Abteilung zu Abteilung weitergereicht. Das ist besonders wichtig, wenn Ihr Angebot für mehrere Bereiche eines Unternehmens interessant ist.

Stadtmagazine
In jeder größeren Stadt gibt es sogenannte Stadtmagazine, die sich vor allem mit kulturellen Themen und Angeboten der Region befassen. Oft sind sie kostenlos zu erhalten, zum Beispiel in Kartenvorverkaufsstellen oder aber zu einem geringen Preis. Diese Zeitschriften sind eine interessante Möglichkeit, regional zu einem akzeptablen Preis zu inserieren, sofern Ihre Zielgruppe zu den Lesern dieser Zeitschriften passt. Wie die aussehen, erfahren Sie im Detail in den Media-Unterlagen der Zeitschriften, generell werden es aber eher jüngere, kulturell interessierte Leute sein.

Abb.: Direktmarketing-Anzeige I

Abb.: Direktmarketing-Anzeige II

167

Anzeigen ansprechend gestalten

Soll in eine Anzeige ein Coupon integriert werden, kann sie schnell unübersichtlich werden. Deshalb gilt hier ganz besonders, für Anzeigen aber generell: Lieber gar keine Anzeige schalten, als wegen des Geldes an der Größe sparen! (Siehe dazu auch „Werbung für Einsteiger", Christina Ewald, Rudolf Haufe Verlag.)

Konzentrieren Sie sich in Ihrem Text ausschließlich auf Aussagen und Argumente, die mit dem Zweck des Coupons zu tun haben. Wenn Sie Ihren Leser dazu bringen wollen, Prospektmaterial anzufordern, bieten Sie die wichtigsten Argumente für Ihre Produkte oder Dienstleistungen und sagen Sie ihm, dass er Näheres in den Prospekten erfahren wird!

Tipp

Erzeugen Sie Spannung

Machen Sie es spannend – der Leser muss das Gefühl haben, dass er etwas verpasst, wenn er sich die Informationen, die in diesem Prospektmaterial enthalten sind, entgehen lässt.

Bedenken Sie, dass viele Menschen Coupons nicht nutzen, weil sie – zu Recht – befürchten, sich zu etwas zu verpflichten. Deshalb sind Worte wie „kostenlos und unverbindlich" wichtig. Fordern Sie möglichst keine Unterschriften, es sei denn, es geht um eine Bestellung. Eine Unterschrift bedeutet immer eine Verpflichtung und die ist eben nicht erwünscht, wenn es nur darum geht, Prospekte anzufordern.

Plakate: Werbung im Großformat

Im Prinzip können Sie Direktwerbung mit jedem Medium betreiben. Einige davon eignen sich besser dafür als andere. Briefe und Anzeigen sind der klassische Weg. Plakate nehmen wir hier auf, weil dieses Medium an sich sehr interessant und dazu kostengünstig ist. Sie müssen jedoch wissen, wie Sie mit diesem Medium umgehen, um es sinnvoll einzusetzen.

Beschränken Sie sich auf die absolut wesentlichen Aussagen. Wenn Sie glauben, Sie hätten das getan, reduzieren Sie Ihren Text nochmals um 50 %. Und dann ziehen Sie erneut die Hälfte ab. Im Ernst: Im Idealfall beschränkt sich Ihre Aussage auf einem Plakat auf einen Satz. Auch wenn die Fläche noch so groß ist – überlegen Sie einfach, wo und wie Plakate wahrgenommen werden. Ihr Adressat hat die Plakattafel nicht morgens gemütlich auf seinem Frühstückstisch liegen. Er erhält sie auch nicht mit der Post und kann sie an seinem Schreibtisch lesen. Im Normalfall geht oder fährt er an der Plakatwand vorüber. Haben Sie viel Glück und den Standort der Wand clever ausgewählt, steht der mehr oder weniger geneigte Leser im Stau davor und ist froh über jede Ablenkung.

Das macht aber auch klar: Sie müssen in Sekundenbruchteilen die Aufmerksamkeit Ihres umworbenen potentiellen Kunden einfangen. Und das geht nur mit einer sehr starken Aussage oder einem sehr guten Angebot. Konzentrieren Sie sich auf eine zentrale, griffige Aussage. Verwenden Sie nur die dafür absolut notwendigen Worte, das heißt, gehen Sie sparsam mit Adjektiven und sonstigem schmückenden Beiwerk um:

> Muss Ihr Auto zur Reparatur? Wir sind gerne bereit, Ihren Wagen abzuholen und bringen ihn selbstverständlich auch wieder zu Ihnen zurück!

> Autoreparatur? Wir holen Ihren Wagen ab und bringen ihn zurück!

Das erste Beispiel klingt nicht schlecht, aber der Leser muss sich durch eine ganze Menge Worte wühlen, bevor er auf die wirklich entscheidende Aussage stößt. Die Botschaft im zweiten Beispiel ist ganz pur und kann innerhalb von Sekunden erfasst werden. Das Angebot ist ungewöhnlich genug und bedarf keiner weiteren Ausschmückung.

Das Thema heißt aber Direktwerbung und Sie wollen dementsprechend eine unmittelbare Reaktion auf Ihre Werbung erreichen. Also müssen Sie die Aufmerksamkeit Ihres Lesers gezielt lenken. Auch hier gilt: Nur das Wichtigste erfassen!

> Mehr zu diesem Service erfahren Sie, wenn Sie den Kfz-Service Müller anrufen. Wählen Sie einfach: (0 67 12) 34 56 78 und wir helfen Ihnen weiter!

> Rufen Sie an: Kfz-Service Müller 34 56 78!

Genau genommen können Sie sich sogar die Telefonnummer sparen, denn wer hat schon beim Vorbeifahren oder –gehen einen Stift und Papier griffbereit?

Sie können nur darauf bauen, dass sich der Leser Ihren Namen merkt oder Sie versuchen, eine griffige Telefonnummer zu bekommen. Die Vorwahl erübrigt sich in dem Moment, wo Ihr Unternehmen sich in dem Ort befindet, in dem Sie auch werben. Ist das nicht der Fall, empfiehlt es sich eher, den Namen der Stadt zu nennen als deren Telefonnummer. „Bärdorf" lässt sich leichter merken als „0 67 12", zumal sich der Ort ja wahrscheinlich in der unmittelbaren Nachbarschaft befindet.

Versuchen Sie auf einem Plakat nie, komplizierte Direktmarketing-Maßnahmen unterzubringen, die irgendwelche Auswahlkriterien oder Einschränkungen enthalten (*„Sind Sie unter 30 und kinderlos und Besitzer eines Neuwagens?"* *„Sie können den Rasenmäher BVB345 unverbindlich 3 Tage testen, sofern Sie eine Kaution von 300 DM hinterlegen."*). Die beschränkte Zeit für die Wahrnehmung erlaubt nur ganz einfache Aufforderungen: Rufen Sie an! Kaufen Sie! Besuchen Sie uns!

Beilagen: Die bunte Mischung

Beilagen sind das, was den Lesern einer Tageszeitung entgegenfällt, wenn sie ihre Zeitung vorsichtig in der Mitte öffnen und sie dann über einem Papierkorb ausleeren ... Ganz so schlimm ist es wohl nicht, es gibt immer noch viele Menschen, die nicht nur die Tageszeitung lesen, sondern sich auch die Beilagen anschauen.

Tatsächlich ist das Interesse an den Beilagen und damit auch die Aufmerksamkeit Ihrer potentiellen Kunden nicht sehr hoch einzustufen. Beilagen als Werbemöglichkeit klingen verlockend, weil sie es zum Beispiel ermöglichen, Werbematerial Ihrer Lieferanten kostengünstig einzusetzen.

Doch zunächst sollten Sie sich klar machen, ob das ein geeignetes Medium für Sie ist – es gelten die Auswahlkriterien, die bereits bei dem Thema Anzeigenwerbung erwähnt wurden. Zu diesen Kriterien gehören auch die Kosten. Die Preise finden Sie in den Media-Unterlagen, wobei dort nur die Kosten für das Beilegen aufgeführt sind. Die Kosten für den Druck oder die Beschaffung der Prospekte kommen gesondert hinzu.

Erfolg mit Beilagen

Sind Sie zu dem Ergebnis gekommen, dass Sie eine Beilage schalten wollen, dann gibt es einige wichtige Dinge, auf die Sie achten sollten, um einen Erfolg wahrscheinlicher zu machen.

Wenn Sie auf professionell gestaltete Broschüren für eine Direktmarketing-Aktion zurückgreifen können – wunderbar. Das heißt aber, es darf sich nicht um Prospekte handeln, in denen einfach Ihre Adresse nachträglich eingedruckt wird, um sie „individuell" zu machen. Der Prospekt muss speziell für das Direktmarketing entwickelt worden sein. Ziel so einer Broschüre ist es, den Leser zu einer unmittelbaren Aktion zu bewegen, im Idealfall eine Bestellung oder ein Auftrag für Ihr Unternehmen.

Die Broschüre muss alles enthalten, was den Leser zum Handeln bewegt. Das kann ein normaler Produktprospekt, der nur die Waren oder Dienstleistungen vorstellt, nicht erreichen. Der Prospekt muß die ganze Überzeugungs- und Verkaufsarbeit leisten, die Sie sonst übernehmen:

- Neugierig auf das Angebot machen.
- Vorteile schildern.
- Gegenargumente ausräumen.
- Informationsbedarf stillen.
- Preise verkaufen.
- Die Risikolosigkeit eines Kaufes überzeugend darlegen.

Deshalb die klare Empfehlung: Sparen Sie sich Ihr Geld, wenn Sie nur vorhandene Produktprospekte mit einem Bestellschein ergänzen wollen. Überlassen Sie die Gestaltung den Profis – wenn Sie dazu (noch) nicht das Geld haben, lassen Sie es lieber – so interessant ist diese Werbeform nicht.

Andere Wege gehen: Das Wichtigste in Kürze

1. Suchen Sie sich für Ihre Direktmarketing-Anzeige die Zeitung, die am besten zu Ihrer Zielgruppe passt.

2. Überlegen Sie, ob eine Fachzeitschrift aus Ihrer Branche nicht besser geeignet ist als eine Tageszeitung.

3. Berücksichtigen Sie, je nach Zielgruppe, auch Kammerzeitschriften und Stadtmagazine.

4. Bevor Sie an der Anzeigengröße sparen, sparen Sie sich besser die ganze Anzeige.

5. Platzieren Sie Couponanzeigen immer am Seitenrand – niemand will Anzeigen mitten aus der Zeitung oder Zeitschrift ausschneiden.

6. Beschränken Sie sich bei Plakatwerbung auf ein Minimum an Text – Plakate müssen in Sekunden „verstanden" werden.

7. Wählen Sie nur die absolut notwendigen Informationen auf dem Plakat – vermeiden Sie Ausschmückungen. Sie bleiben nicht in Erinnerung.

8. Wenn Sie Beilagen für Direktmarketing nutzen wollen, verwenden Sie nur Prospekte, die auch für diese Anforderung konzipiert sind.

Neue Chancen –
Direktmarketing per Internet

Sicherlich haben Sie mit mehr oder minder großer Begeisterung von dem internationalen Datenhighway, dem Internet, gehört oder aber Sie nutzen dieses Medium bereits fleißig. Die große Faszination des Internets liegt sowohl in seiner Internationalität als auch in seiner Anarchie. Niemand kontrolliert das Internet und auch in der Zukunft wird das wohl niemandem gelingen. Wo alles möglich ist, kann sich leider auch sehr viel kriminelle Energie entfalten. Hier wird es wohl über kurz oder lang eine Form der Kontrolle geben müssen, um besonders widerwärtigen Auswüchsen, wie der Verbreitung von Kinderpornographie, Herr zu werden.

E-Mail – schnell und einfach

Die wichtigsten Dienste für Sie im Internet sind die E-Mail als Kommunikationsmittel und das World Wide Web als Informationsquelle. Das Web bietet Ihnen eine nahezu unendliche Informationsvielfalt für Ihre privaten Interessen ebenso wie für Ihren beruflichen Wissensdurst.

Die elektronische Post, die so genannte E-Mail, ist schneller und kostengünstiger als normale Briefe. Außerdem ist sie unkomplizierter und bietet viele Möglichkeiten, die Ihnen kein normaler Brief bieten kann: Sie können problemlos eine Nachricht an mehrere Empfänger schicken, Sie können kontrollieren, ob die Nachricht angekommen und vom Empfänger gelesen worden ist. Sie können dem Empfänger Hinweise auf die Dringlichkeit Ihrer Nachricht geben und je nach Software

Vorteile von E-Mail

- Schnell und einfach,
- kostengünstig,
- mehrere Empfänger gleichzeitig erreichbar,
- Abbildungen können als Datei mitgeschickt werden.

Tipp

das Ganze mit einer elektronischen Wiedervorlage nachverfolgen. Und nicht zuletzt können Sie Dateien mit Daten und Fotos mitschicken.

Da die E-Mail von Anfang an als schnelles Kommunikationsmittel gedacht war, ist sie zudem nicht mit Formalien belastet, wie unser normaler Schriftverkehr mit seinen Schreibregeln, DIN-Normen und Gestaltungsvorschriften. Auch das macht sie „schneller".

Erstkontakte nicht per E-Mail

Kein Wunder also, dass viele Unternehmen die E-Mail bereits als alltägliches Kommunikationsmittel mit Lieferanten und auch Kunden nutzen. Als Erstkontaktmittel, wie zum Beispiel für einen Werbebrief, ist sie allerdings schlecht geeignet. Eine unaufgeforderte E-Mail mit solchem Inhalt zu schicken, ist eine absolute Belästigung und hat deshalb nur mit einem wirklich außergewöhnlichen Angebot eine geringe Chance. Zudem lassen sich E-Mail-Adressen nur schwer in Erfahrung bringen.

E-Mail sinnvoll einsetzen

Sehr wohl ist die E-Mail aber ein geeignetes Medium, um nach dem ersten Kontakt Informationen an Ihren Kunden zu schicken. Da Sie sogar Fotos mitschicken können, eignet sich dieses Medium ausgezeichnet für eine schnelle Information. Auch beim Thema Krisenbewältigung lässt es sich aufgrund seiner Schnelligkeit gut einsetzen.

Die eigene Homepage aufbauen

Wenn Sie das Internet bereits nutzen, haben Sie sich vielleicht schon darüber Gedanken gemacht, ob sich eine eigene „Homepage" für Sie lohnt? Für viele Unternehmen ist der eigene Auftritt im Internet bereits ein fester Bestandteil ihrer Werbeaktivitäten geworden. Für jeden, der im weitesten Sinne mit Medien allgemein oder Computern im Speziellen zu tun hat, ist das Internet heute bereits ein Muss. Auch große Versandhäuser und Verlage haben bereits die zusätzlichen Absatzmöglichkeiten durch das Internet erkannt.

Aufgrund des praktisch ungehinderten Zugangs zum Internet gibt es für dieses Medium keine so exakten Zahlen über die Nutzung der verschiedenen Angebote wie für Zeitungsanzeigen oder Plakatwerbung. Das renommierte Marktforschungsinstitut GfK spricht von rund 7 Millionen Nutzern in Deutschland.

Informationsquelle Internet
Die bisherige Erfahrung hat gezeigt, dass die Angebote von Unternehmen im Internet vor allem zur ersten Information über Produkte oder Dienstleistungen genutzt werden. Der eigentliche Verkauf oder die Vereinbarung einer Dienstleistung erfolgt dann meist noch über den klassischen Weg. Doch auch der direkte Verkauf über das Internet wächst, vor allem im Versandhandel und im Buchhandel.

Kosten der Internetnutzung

Die Kosten lassen sich aufgrund des bereits sehr umfangreichen Angebotes schwer durchschauen und vergleichen. Grundsätzlich setzen sie sich aus einer Gebühr für Ihre Anmeldung, der monatlichen Grundgebühr, einer Gebühr für die Nutzungsdauer und den jeweiligen Telefonkosten zusammen.

Abgesehen von den Telefonkosten rechnet diese Gebühren der Online-Dienst bzw. Service Provider mit Ihnen ab. Wenn Sie das Internet sehr intensiv nutzen, entscheiden oft die Telefongebühren, ob Ihr Zugang zum Datenhighway ein kostspieliges Vergnügen wird. Deshalb ist es wichtig zu klären, wo der Zugang Ihres Anbieters liegt, der „Knotenpunkt". Je näher er an Ihrem Wohnort ist, umso günstiger sind die Telefonkosten – wie bei jedem anderen Telefonat, das Sie führen.

AOL bietet beispielsweise den Zugang bundesweit zum Ortstarif an. Außerdem gibt es hier monatliche Freistunden, wie auch bei t-online. Auch die Anmeldegebühr lässt sich bei bestimmten Sonderaktionen der Anbieter einsparen. Da der Internet-Markt hochinteressant und heiß umkämpft ist, ändern sich die Konditionen der Anbieter sehr häufig – holen Sie also immer die aktuellen Angebote ein!

Wenn Sie Ihre eigene Homepage ins Netz stellen wollen, entscheiden Sie sich beispielsweise für einen Online-Dienst wie AOL, t-online oder Compuserve. Dann haben Sie aber keine eigene Domain-Adresse, z. B.

www.Schmidt.com, sondern sind sozusagen die „Unterabteilung" des Anbieters: ourworld.compuserve.com/homepage.schmidt.

Dies ist der billigere Weg, dessen Möglichkeiten allerdings eingeschränkt sind. So ist zum Beispiel der Speicherplatz für Ihre Seite beschränkt, was für den Einsatz von Fotos und Grafiken als Gestaltungselement ein wichtiges Kriterium ist. Wenn Sie dagegen Ihre eigene Seite bei einem Service Provider anmieten, haben Sie mehr Freiheiten bei der Gestaltung und dem dafür benötigten Speicherplatz – doch das ist wie überall eine Kostenfrage.

Kunden finden und binden per Internet

Wenn sich Ihr Unternehmen dazu eignet und Sie die notwendige Zeit dafür investieren wollen, bietet Ihnen das Internet eine ganz einzigartige Möglichkeit zur Kommunikation mit Interessenten und Kunden. Es stehen Ihnen damit vielfältige Chancen zur Kundengewinnung, Kundenpflege, Krisenbewältigung und natürlich auch für den direkten Verkauf zur Verfügung.

Ein besonders gelungenes Beispiel, wie man ein „virtuelles Imperium" aufbauen kann, kommt nicht etwa von einem unglaublich professionellen internationalen Unternehmen, sondern von einer Rockgruppe. Schauen Sie sich die Internet-Seiten von der deutschen Rockgruppe „Die Ärzte" an (www.deutschrock.de/dieaerzte). Sie werden feststellen, dass hier dieses neue Medium in nahezu perfekter Weise zur „Kundenbindung" eingesetzt wurde und auch für „richtige" Unternehmen eine Fülle von Anregung bietet. Wobei in diesem Fall die Unterschiede zwischen Unternehmen und Künstlern verschwinden.

Es lohnt sich gerade beim Internet, nicht nur auf die nahe liegenden Beispiele – zum Beispiel den Auftritt Ihrer unmittelbaren Konkurrenz – zurückzugreifen, sondern sich auch auf ganz fremden Homepage-Seiten umzusehen, denn in diesem Medium finden Sie eine ungeheure Kreativität, die Sie als Anregung nutzen sollten, um auch Ihren Auftritt im Internet wirklich einzigartig zu machen.

Im Gegensatz zu „normaler" Werbung oder schriftlichen Angeboten hat das Internet auch einen großen Unterhaltungswert für die Nutzer. Sind Sie einfach nur konventionell und langweilig, wird zumindest bei den Jüngeren in Ihrer Zielgruppe kein Interesse an Ihrem Angebot entstehen.

Direkt verkaufen im Netz

Ob sich das Medium Internet für den Verkauf Ihrer Produkte eignet, ist eine Sache Ihrer Branche. Ob Ihre Kunden tatsächlich über das Internet einkaufen, ist eine Frage des Vertrauens. Bisher haben die klassischen „Bestellbranchen" die größten Erfolge beim Verkauf über das Internet. Die großen Versandhäuser nutzen diese Möglichkeiten und ihre Kunden akzeptieren diesen schnellen und einfachen Weg der Bestellung.

Kauf per Internet
Wer bereit ist, Waren aus einem Katalog zu bestellen, ohne sie vorher in der Hand gehabt zu haben, scheint eher bereit, dieses virtuelle Angebot auch im Internet zu nutzen. Hinzu kommt, dass das Internet noch mehr Darstellungsmöglichkeiten für Abbildungen bietet als ein gedruckter Katalog.

Die zweite Gruppe erfolgreicher Anbieter im Internet ist der Buchhandel. Auch hier ist es leicht verständlich: Bei Büchern gibt es keine Qualitätsunterschiede in der „Hardware" – wenn man weiß, welches Buch man haben will, kann man den Titel direkt bestellen und beim Kauf nicht viel falsch machen. Außerdem bietet das Internet gerade für Buchbestellungen aus dem Ausland ein riesiges Angebot.

Wenn Sie mit Ihrem Angebot ohnehin ins Internet wollen, kann es sicher nichts schaden, auch eine Bestellmöglichkeit anzubieten, sofern sich Ihre Produkte dafür eignen.

Überlegen Sie aber folgenden Punkt sehr gut: Wie verschaffen Sie sich Sicherheit, dass die Zahlung auch erfolgt (Einzugsermächtigung, Vorausscheck etc.)?

Fehlentscheidungen vermeiden

Wie groß ist die Chance, dass es zu Fehlentscheidungen bei Ihren Kunden kommt? Wenn Sie bis jetzt Ihre Waren nur im Laden verkauft haben, machen Sie sich bitte ausführlich Gedanken darüber, welche Informationen Sie Ihrem Kunden geben müssen, um ihm zu einer sicheren Kaufentscheidung zu verhelfen. Denn mit Rücksendungen und Reklamationen wollen Sie Ihre knappe Zeit doch sicher nicht verschwenden?

Wie viele zusätzliche Aufträge können Sie verkraften? Auch wenn es zunächst scheint, als müsse die Antwort „je mehr, desto besser" lauten – Geschäftserfolg bedeutet nicht unbedingt, so viele Aufträge wie möglich zu erhalten, sondern so viele, wie Sie zuverlässig und qualitativ hochwertig bewältigen können.

Beispiel

Wenn Sie bis jetzt Schreibwaren in Ihrem Laden verkaufen und nun eine äußerst kreative Seite ins Internet stellen, kann es Ihnen passieren, dass aus dem Einzugsgebiet „Ingelheim, 25.000 Einwohner" plötzlich „Bundesrepublik Deutschland, 82 Millionen Einwohner" wird – und Sie müssten Ihr eigentliches Geschäft vernachlässigen, um den Ansturm zu bewältigen.

Über Produkte informieren

Wenn Sie den Internet-Auftritt der Rockgruppe „Die Ärzte" betrachten, finden Sie Informationen über Platten und Videos der Band. Wie man dieses Medium nützt, um die künftigen Kunden neugierig zu machen, zeigen die „Previews" vom Dreh des Videos zur der jeweils neuen Single-Auskopplung. Auch vor und während der Tourneen ist dies eine wichtige Informationsquelle:

Änderungen und Zusatzkonzerte werden kurzfristig mitgeteilt und da „Die Ärzte" sehr hingebungsvolle Fans haben, die oft mehrere Konzerte besuchen, können sie sich über die nächstgelegenen Veranstaltungsorte informieren. Auch ein Konzert ist in diesem Fall ein „Produkt"!

Das Beispiel verdeutlicht einen wichtigen Punkt: Das Internet ist ein aktuelles Medium – wenn Sie sich dafür entscheiden, müssen Sie in der Lage sein, die Informationen regelmäßig zu aktualisieren.

Die bisherige Erfahrung mit Angeboten im Internet zeigt, dass das Angebot meist zur ersten Information genutzt wird. Dies kann eine sehr gute Verkaufsunterstützung für Sie sein, egal, ob Sie Produkte oder Dienstleistungen verkaufen. Ein Verkaufsgespräch ist oft zeitlich beschränkt, ein Prospekt fasst nur eine begrenzte Menge an Informationen. Ihre Internetseite bietet Ihnen die Möglichkeit, Ihre Informationen „portionsweise" aufzubereiten.

In einem Prospekt muss Ihr Kunde meist erst den gesamten Text durchlesen, um zu den Punkten zu kommen, die ihn wirklich interessieren. Eine gute grafische Gestaltung, ein Inhaltsverzeichnis und aussagekräftige Überschriften helfen ihm dabei.

> Auf Ihrer Homepage gestalten Sie Ihre Informationen sinnvollerweise so, dass der „Leser" sich vorzugsweise von Anfang an für bestimmte Themen entscheiden kann, in die er dann tiefer einsteigt. Wo immer es Sinn macht, sollte er Fotos und zusätzliche Informationen abrufen können.

Damit bietet das Internet eine Möglichkeit zur Informationsaufbereitung, wie sie in unserer heutigen informationsüberfluteten Zeit immer wichtiger wird: systematisch und gezielt auf den jeweiligen Nutzer zugeschnitten.

Krisen bewältigen

Das ist sicher der ungewöhnlichste Einsatz des Internet für eine Rockgruppe. Und dieser wurde perfekt gelöst. Aufgrund der Tatsache, dass die Gruppe absolut niemandem Informationen oder gar Interviews über ihr Privatleben gibt, begann eine große deutsche Jugendzeitschrift mit einer praktisch durchgehend negativen Berichterstattung.

Nicht aus Angst um ihr eigenes Image – als Punkband kann man solche Sorgen wohl vernachlässigen –, sondern aus Sorge um die Gefühle ihrer meist jungen Fans, griff die Gruppe die in der Zeitschrift dargestellten Vorfälle auf ihrer Homepage auf und widerlegte die Berichte systematisch. Gleichzeitig forderte sie die Fans auf, an die Zeitschrift zu schreiben und sie mit diesen Gegenargumenten zu konfrontieren. Das funktionierte auch – die Berichterstattung wurde wieder neutraler.

Hier kommt die Aktualität des Internet sehr direkt zum tragen: Wenn Sie wissen, dass viele Ihrer (potentiellen) Kunden dieses Medium nutzen, können Sie es gerade in Krisensituation – aber nicht nur dann – voll ausnutzen: Über die reine Information hinaus können Sie Fotos, Pressemeldungen, Forschungsberichte, Stellungnahmen von wem auch immer mit einbeziehen und damit gerade in einer schwierigen Situation dem Informationsbedürfnis der Kunden perfekt Rechnung tragen.

Kunden pflegen

Wie Sie bereits erfahren haben, gibt es neben der gezielten Kundenpflege, die immer einen möglichen Auftrag zum Ziel hat, auch die ungezielte, die einfach nur der Aufrechterhaltung eines ständigen Kontaktes zum Inhalt hat. Die Möglichkeiten für diesen „Zusatznutzen" richtet sich natürlich nach Ihrer Branche. Doch in diesem Fall würde sogar unten stehendes Beispiel aus der Homepage der Gruppe „Die Ärzte" funktionieren:

Beispiel
Zur Adventszeit konnten die Fans einen virtuellen Adventskalender aufrufen. Statt der – virtuell schwierig zu realisierenden – Schokolade gab es Bilder und Töne. Die Fotos der Bandmitglieder und ihrer verschiedenen Aktivitäten (z. B. Konzert- und Fernsehauftritte) wurden mit Lied-Ausschnitten, Sprüchen und Ähnlichem garniert.

Dies ist eine Form der perfekten Kundenbindung: Die Fans waren schon eine Minute nach Mitternacht am Computer, um das Türchen des nächsten Tages zu öffnen.

Beim Thema „Kundenpflege" läuft das Internet sozusagen zur Höchstform auf. Alles, was Sie bei der schriftlichen Kundenpflege erfahren haben, können Sie im Internet umsetzen. Ganz leicht geht das zum Beispiel mit Links zu anderen Seiten im Internet, die eine sinnvolle Ergänzung zu Ihrem Angebot sind.

Das Schöne an diesen Links ist die Tatsache, dass die zusätzliche Information dem Empfänger nicht aufgedrängt wird. Er entscheidet per Mausklick, ob er sie haben will oder nicht.

Ideal sind natürlich solche spielerischen Ideen wie der oben erwähnte Adventskalender auf der Homepage. Selbstverständlich ist das, wie alles, was Sie zusätzlich für Ihren Kunden tun, neben der Zeit- auch eine Geldfrage, sofern Sie solche Aufgaben an Profis delegieren. Aber hören Sie sich doch einfach einmal in Ihrem Bekanntenkreis um. Fast jeder kennt heutzutage jemanden, der eine leidenschaftlicher „Internet-Bastler" ist, vor allem unter den jüngeren Leuten. Und auch mit einfachen Mitteln lassen sich interessante Seiten gestalten. Die originelle Idee ist das Entscheidende. Lassen Sie Ihre Phantasie spielen und gehen Sie ab und zu mal Surfen – ins Internet!

Direktmarketing per Internet: Das Wichtigste in Kürze

1. E-Mail ist ein schnelles Medium zur Informationsübermittlung ohne viele formale Anforderungen an die Gestaltung.
2. E-Mail eignet sich besonders, wenn zusätzliche Informationen, wie Fotos oder andere Dateien, versandt werden sollen. Vor allem, wenn diese Informationen viele Empfänger gleichzeitig erreichen müssen.
3. Für einen ersten Kontakt mit einem potentiellen Kunden ist E-Mail nicht geeignet.
4. Eine eigene Homepage ist für alle Unternehmen, die sich mit Computern und Medien im Allgemeinen befassen, schon fast ein Muss.
5. Die eigene Homepage kann bei Unternehmen, deren Angebot sich dafür eignet, auch für den direkten Verkauf eingesetzt werden. Das stellt allerdings dann spezielle Anforderungen an Aufbau und Inhalt.
6. Die meisten Internet-Besucher nutzen die Homepages von Unternehmen aber hauptsächlich zur ersten Information über das Angebot.
7. Die Homepage kann sehr gut zur Kundenpflege und auch zur Krisenbewältigung eingesetzt werden, vorausgesetzt, Ihre Kunden nutzen dieses Medium auch.

Notizen

Gesamtstichwortverzeichnis

Anhang: Goldene Regeln

So nutzen Sie Ihre Alltagskorrespondenz als Werbebrief

• Ihre alltägliche Korrespondenz trägt entscheidend dazu bei, welchen Eindruck Ihre Kunden und Geschäftspartner von Ihrem Unternehmen erhalten.

• In einem guten Brief reden Sie nicht über das, was Sie wollen, sondern über das, was Ihren Kunden wirklich interessiert.

• Um herauszufinden, was Ihren Kunden interessiert, müssen Sie sich in seine Situation hineinversetzen und alle Aussagen von seinem Standpunkt aus betrachten.

• Damit Ihr Kunde Ihren Brief leicht verstehen kann, unterteilen Sie Ihren Brief in sinnvolle Absätze und Ihre Sätze in leicht verdauliche Portionen: Pro Satz nur eine Information!

• Um Ihrem Kunden das Gefühl zu vermitteln, dass Sie wirklich an seinen Problemen und Bedürfnissen interessiert sind, sprechen Sie ihn immer direkt an.

• Ihr Kunde soll Sie ernst nehmen und von Ihren Argumenten überzeugt werden – deshalb verwenden Sie keine Übertreibungen und inhaltsleere Superlative.

• Ihr Briefstil gibt Auskunft über Ihr Unternehmen – wenn Sie ein modernes Unternehmen sein wollen, halten Sie sich auch an die modernen Briefregeln.

So bauen Sie einen wirksamen Werbebrief auf

• Suchen Sie sich eine Überschrift, die neugierig macht, weil sie die Bedürfnisse des Lesers anspricht.

• Versuchen Sie nicht zu viel zu erreichen: Setzen Sie sich nur ein Ziel für Ihren Brief.

• Sprechen Sie nur über Themen, die für Ihren Kunden entscheidend sind – die wichtigsten Vorteile Ihres Angebotes für ihn.

• Vermitteln Sie dem Leser das Gefühl, etwas zu verpassen, wenn er auf Ihr Angebot nicht eingeht.

• Behalten Sie immer im Hinterkopf, dass Ihr Leser eigentlich nicht interessiert ist an dem, was Sie zu sagen haben. Sie müssen ihn überzeugen.

• Vermeiden Sie schon bei der äußeren Gestaltung Ihres Briefes alles, was den Leser verärgern könnte oder sein Interesse einschlafen lässt.

• Überlegen Sie sich genau, wie Ihre potentielle Zielgruppe aussieht. Je genauer Ihre Vorstellung ist, umso gezielter werden Sie schreiben können.

• Pflegen Sie Ihre Kunden – ein regelmäßiger Kontakt erleichtert es Ihnen, „alte" Kunden wieder zu aktivieren.

So setzen Sie Ihren Computer gezielt zur Unterstützung ein

• Bauen Sie sich systematische Adressdateien auf, die Sie für Ihre Werbebriefe verwenden können.

• Nutzen Sie Textverarbeitungsprogramme für Serienbriefe. Mit Hilfe von Variablen können Sie ohne großen Aufwand individuelle Briefe zur Kundenpflege und Kundengewinnung schreiben.

So planen Sie Werbebriefaktionen sinnvoll

• Informieren Sie sich über die vielfältigen Versandmöglichkeiten der Post, um kostengünstige Werbebriefaktionen durchzuführen.

• Schauen Sie sich in den Direktmarketing-Centern der Post um – hier finden Sie eine Fülle von Informationen und Angeboten rund um das Direktmarketing.

• Nutzen Sie die Möglichkeiten von Adressverlagen und die Angebote von Handwerkskammer und Industrie- und Handelskammer, um an zusätzliches Adressmaterial zu kommen.

• Machen Sie sich einen Zeitplan für Ihre Aktionen – unter Zeitdruck leidet die Qualität und die Kosten steigen.

So nutzen Sie andere Formen des Direktmarketings

• Wenn Sie Direktmarketing-Anzeigen schalten wollen, sparen Sie nicht an der Anzeigengröße. Ist ein sinnvolles Format zu teuer, lassen Sie es lieber ganz.

• Wählen Sie die Zeitung oder Zeitschrift für Ihre Anzeige sorgfältig aus – sie muß zu Ihrer Zielgruppe passen.

• Schauen Sie sich auch Fachzeitschriften und die Kammerzeitschriften an – so erreichen Sie womöglich Ihre Zielgruppe kostengünstiger und direkter.

• Wenn Sie sich für Plakatwerbung entscheiden, lassen Sie sich durch das große Format nicht zu langatmigen Aussagen verleiten. Plakatwerbung muss innerhalb von Sekunden aufgenommen werden – das reicht gerade für einen prägnanten Satz.

• Die Werbung per Zeitungsbeilage hat viele Nachteile und ist nicht gerade billig. Wenn Sie sie optimal nutzen wollen, muss Ihre Beilage professionell auf die Bedürfnisse dieses Mediums zugeschnitten sein – ein einfacher Prospekt tut es nicht.

So können Sie Ihr Angebot per Internet bekannt machen

• E-Mail ist ideal zur schnellen Kommunikation und bietet darüber hinaus die Möglichkeit, zusätzliche Informationen wie Fotos als Dateien schnell und kostengünstig zu verschicken.

• Da E-Mail aber ein sehr formloses Medium ist, sollte es nie zum ersten Kontakt eingesetzt werden, sondern nur für bereits bestehende Geschäftsverbindungen.

• Mit einer eigenen Homepage haben Sie die Möglichkeit, Ihren Kunden sehr viele Informationen vorzustellen. Bauen Sie Ihre eigene Seite so auf, dass Ihre Leser Schritt für Schritt vom Allgemeinen zum Speziellen geführt werden. Vermeiden Sie es, den Leser mit zu vielen Informationen, Bildern und Grafiken auf einmal zu überschütten.

• Nutzen Sie die Möglichkeiten des Internet sowohl zur Kundengewinnung als auch zur Kundenpflege. Sie können direkt verkaufen, wenn sich Ihr Angebot dafür eignet oder aber nur darüber informieren. Sie können bei Krisen schnell Stellungnahmen und Informationen zur Schadensbegrenzung verbreiten.

Fachbegriffe

Antwortkarte:
Postkarte, die einem Werbebrief, einer Anzeige oder einer Beilage beigelegt oder aufgeklebt ist

Auflage/Druckauflage:
Anzahl der hergestellten Exemplare einer Zeitung oder einer Zeitschrift

verkaufte Auflage:
Anzahl der Exemplare, die entweder verkauft oder per Abonnement vertrieben wurden

verbreitete Auflage:
Anzahl der Exemplare, die entweder verkauft oder per Abonnement vertrieben sowie kostenlos abgegebene Exemplare (z. B. Muster)

Couponanzeige:
Anzeige mit einem integrierten Abschnitt, der vom Leser ausgeschnitten und an den Inserenten gesandt werden kann.

E-Mail:
Elektronische Post über das Internet

Fachzeitschrift:
Zeitschrift, die sich an eine bestimmte Berufs- oder Interessengruppe richtet

Homepage:

Startseite des Internetauftritts einer Person oder eines Unternehmens.

Infobrief:

Besondere Versendungsform der Post AG. Gilt für inhaltsgleiche Briefe, bei denen sich nur die Adressen und die Anrede unterscheiden. Gebunden an bestimmte Stückzahlen.

InfoCard:

Direktmarketing-Angebot der Post AG, das bereits eine Antwortkarte enthält.

Infopost:

Besondere Versendungsform der Post AG. Gilt für inhaltsgleiche Briefe, bei denen sich nur die Adressen und die Anrede unterscheiden. Gebunden an bestimmte Stückzahlen.

Mailing:

Werbeaussendung, kann ein Brief, eine Karte oder auch ein Prospekt und eine Warenprobe sein.

Mediaunterlagen:

Informationsmappe über ein Werbemedium. Enthält Informationen zu dem Medium, wie zum Beispiel Auflagenzahlen, Belegungsmöglichkeiten und Anzeigenpreise.

Nielsen-Gebiete:

Unterteilung Deutschlands in der Werbebranche nach Regionen.
Nielsen 1: Schleswig-Holstein, Hamburg, Bremen, Niedersachsen
Nielsen 2: Nordrhein-Westfalen
Nielsen 3a: Hessen, Rheinland-Pfalz, Saarland
Nielsen 3b: Baden-Württemberg

Nielsen 4: Bayern
Nielsen 5: Berlin
Nielsen 6: Mecklenburg-Vorpommern, Brandenburg, Sachsen-Anhalt
Nielsen 7: Thüringen, Sachsen

Postwurfsendung:

Versendungsform der Post AG. Briefe werden an die Haushalte eines bestimmten geographischen Gebietes verteilt, das sich nach den Zustellbezirken der Post richtet. Diese Briefe sind nicht persönlich adressiert.

Response:

Antwort – Reaktion auf eine Werbeaktion. Also zum Beispiel der Rücklauf von Antwortkarten oder Anrufen.

Streuverlust:

Anzahl oder Prozentsatz der Menschen, die mit einem Werbemedium oder Werbemittel erreicht werden, aber nicht zur Zielgruppe des Werbenden gehören.

Werbemedium:

Die Medien, in denen die Werbung erscheint: Fernsehen, Zeitschrift, Plakatwand, Brief.

Werbemittel:

Art der Werbung: Anzeige, Plakat, Prospekt, Werbegeschenk

Zielgruppe:

Kreis der Menschen, für die das Angebot des Werbetreibenden interessant sein könnte.

Nützliche Adressen und Nachschlagewerke

Beuth-Verlag
Burggrafenstraße 6
10787 Berlin
Telefon (0 30) 26 01 22 60
Telefax (030) 26 01 12 60

DeTeMedien
Deutsche Telekom Medien GmbH
Dialogmarketing
Wiesbehüttenstraße 18
60329 Frankfurt
Telefon (0 18 01) 33 83 63
Telefax (0 18 01) 32 93 38
Internet: www.detemedien.de

Deutsche Post AG

Service-Nummern für
Direktmarketing Center:
Telefon: (0 18 05) 55 55
Telefax: (0 18 03) 55 55
Internet: www.deutschepost.de/
direktmarketing

Adressen der Direktmarketing-Center (Stand Januar 1999)

52072 Aachen
Kackertstr. 10
Tel.: (02 41) 9 89 76-0
Fax: (0241) 8 89 76-50

86199 Augsburg
Pilsener Str. 9
Tel.: (08 21) 9 06 13 -0
Fax: (08 21) 9 06 13-33

12099 Berlin
Germaniastraße 18–20
Tel.: (0 30) 75 79 83-0
Fax: (0 30) 75 79 83-49

33607 Bielefeld
Meisenstr. 94
Tel.: (05 21) 9 28 78-0
Fax: (05 21) 9 28 78-19

38122 Braunschweig
Friedrich-Seele-Str. 3
Tel.: (05 31) 8 09 21-0
Fax: (05 31) 8 09 21-50

28359 Bremen
Grazer Str. 2 C
Tel.: (04 21) 20 48 0-0
Fax: (04 21) 20 48 0-80

44137 Dortmund
Lindemannstr. 79
Tel.: (02 31) 91 23 35-0
Fax: (02 31) 91 23 35-50

01067 Dresden
Devrientstr. 5
Tel.: (03 51) 8 67 29-0
Fax: (03 51) 8 67 29-20

47228 Duisburg
Dr.-Alfred-Herrhausen-Allee 9–11
Tel.: (0 20 65) 77 29-0
Fax: (0 20 65) 77 29-50

40699 Erkrath
Steinhof 5
Tel.: (02 11) 9 24 98-0
Fax: (02 11) 9 24 98-39

45136 Essen
Ruhrallee 175
Tel.: (02 01) 2 66 97-0
Fax: (02 01) 2 66 97-50

76275 Ettlingen
Am Hardtwald 11
Tel.: (0 72 43) 58 76-0
Fax: (0 72 43) 58 76-49

60326 Frankfurt
Schmidtstr. 51
Tel.: (0 69) 73 99 05-0
Fax: (0 69) 73 99 05-30

79111 Freiburg
Jechtinger Str. 8
Tel.: (07 61) 4 79 57-0
Fax: (07 61) 4 79 57-90

22607 Hamburg
Notkestr. 15
Tel.: (0 40) 89 69 06-0
Fax: (0 40) 89 69 06-16

30659 Hannover
Oldenburger Allee 11
Tel.: (05 11) 9 01 47-0
Fax: (05 11) 9 01 47-25

34117 Kassel
Untere Königsstr. 86
Tel.: (05 61) 7 84 38-0
Fax: (05 61) 7 84 38-30

56070 Koblenz
Wallersheimer Weg 50-58
Tel.: (02 61) 9 84 19-0
Fax: (02 61) 9 84 19-90

50933 Köln
Widdersdorfer Str. 248-252
Tel.: (02 21) 94 98 58-0
Fax: (02 21) 94 98 58-50

55252 Mainz-Kastel
Anna-Birle-Str. 9-11
Tel.: (0 61 34) 20 09-0
Fax: (0 61 34) 20 09-30

68199 Mannheim
Janderstr. 8
Tel.: (06 21) 8 62 96-0
Fax: (06 21) 8 62 96-90

41066 Mönchengladbach
Krefelder Str. 691
Tel.: (0 21 61) 6 94 98-0
Fax: (0 21 61) 6 94 98-89

80992 München
Riesstr. 25, Haus A
Tel.: (0 89) 14 38 53-0
Fax: (0 89) 14 38 53-60

48153 Münster
Hammer Str. 220
Tel.: (02 51) 9 74 04-0
Fax: (02 51) 9 74 04-50

74172 Neckarsulm
Heiner-Fleischmann-Str. 6
Tel.: (0 71 32) 9 51 52-0
Fax: (0 71 32) 9 51 52-90

90449 Nürnberg
Südwestpark 94
Tel.: (09 11) 9 96 88-0
Fax: (09 11) 9 96 88-33

49076 Osnabrück
Leyer Str. 26
Tel.: (05 41) 9 12 39-0
Fax: (05 41) 9 12 39-50

66115 Saarbrücken
Nell-Breuning-Allee 8
Tel.: (06 81) 9 92 92-0
Fax: (06 81) 9 92 92-90

57080 Siegen
Eiserfelder Str. 316
Tel.: (02 71) 3 59 67-0
Fax: (02 71) 3 59 67-30

70469 Stuttgart
Steiermärker Str. 3–5
Tel.: (07 11) 1 35 59-0
Fax: (07 11) 1 35 59-90